Hermann Brandes

Cajus Gracchus

Trauerspiel in fünf Akten

Hermann Brandes

Cajus Gracchus
Trauerspiel in fünf Akten

ISBN/EAN: 9783743409989

Hergestellt in Europa, USA, Kanada, Australien, Japan

Cover: Foto ©ninafisch / pixelio.de

Manufactured and distributed by brebook publishing software (www.brebook.com)

Hermann Brandes

Cajus Gracchus

Cajus Gracchus.

Trauerspiel in fünf Akten

von

Hermann Brandes.

Braunschweig.

G. C. E. Meyer sen.

1860.

Das vorliegende Drama wurde durch die Preisrichter der Münchener Dramen-Concurrenz, bei welcher Paul Heyse's „Sabinerinnen" den Preis, und Wilhelm Jordan's „Wittwe des Agis" die ehrenvolle Erwähnung erhielten, mit auf die enge Wahl gebracht.

Nachdem dasselbe theilweise umgearbeitet worden, wird es jetzt der Oeffentlichkeit übergeben.

Braunschweig.

Hermann Brandes.

Personen:

Lucius Opimius, römischer Consul.
Scipio Aemilianus,
Scipio Nasica, } Senatoren.
Mucius Scävola,
Cajus Gracchus.
Cornelia, seine Mutter.
Licinia, seine Gattin.
Sempronia, seine Schwester, Scipio's Gattin.
Septimulejus, Diener des Consuls.
Labeo, Bürger von Rom.
Philokrates, Bürger von Fregellä, in Gracchus' Dienst.
Servius, Scipio's Diener.
Syphax, ein punischer Sclav.
Ein Centurio.
Eine Dienerin Cornelias.
Senatoren. Bürger. Soldaten. Sclaven.

Ort der Handlung: Theils in Rom, theils im römischen Lager und auf dem Landgute des Gracchus.

Zeit: Das Jahr 120 vor Christo.

Erster Aufzug.

Rom, eine Halle in Gracchus' Hause.

Erster Auftritt.

Philokrates, Labeo und eine Anzahl armer römischer
Bürger, zwei Sclaven mit Gepäck.

Philokrates.
An dieser Thür wartet still, bis sie
Heraustritt. — (zu den Sclaven) Ihr indeß schafft das Gepäck
Zum Wagen; geht — und heißt den alten Länas
Zur Fahrt sich rüsten, eh die Nacht hereinbricht.
(die Sclaven gehen ab)
Kommt, ihre letzten Gaben zu empfangen.
(er theilt Geld aus)

Labeo.
So will sie Rom auf immer denn verlassen?

Philokrates.
Auf immer, Freund! Ihr graut am Todtenhof
Zu wohnen, — ihres Sohnes Grab macht ihr
Das große Rom zu einer großen Gruft.
Doch still — sie naht!

Zweiter Auftritt.
Vorige, Gracchus, Cornelia, Licinia.

Gracchus.
Fühlst du dich stark genug
Zu diesem Gange, theure Mutter? Sprich!

                    Cornelia.
Das Grab Tibers zu fliehen, reichen wohl
Noch meine Kräfte aus.
                    Licinia.
                        Doch säume nicht
Uns bald zu folgen, Cajus.
                    Gracchus.
                        Ehe noch
Der Mond sich wieder füllt, seh' ich euch wieder.
                    Labeo (vortretend).
Die Götter segnen dich, erhabne Frau.
                    Cornelia.
Wer sind die Leute?
                    Philokrates.
                        Arme Bürger Roms,
Die deine Milde schon seit Monden nährt,
Zum Abschied dir zu danken, kommen sie.
                    Cornelia.
Nur Kränkung würde meine Wohlthat sein,
Verwehrt' ich's euch, mir dafür Dank zu sagen.
Ich weiß, seitdem mein Sohn ermordet ward,
Und der Senat den Acker euch genommen,
Den euch Tiber durch sein Gesetz verlieh,
Seid ihr von jedem Unterhalt entblößt?
                    Labeo.
Den Göttern sei's geklagt, erhabne Frau!
Und ärmer sind wir als wir je gewesen.
Mit deinem Sohn sank unser Glück ins Grab.
                    Philokrates.
Die Götter wissen's, einen Mann wie ihn
Sieht Rom nicht wieder!

Gracchus (leise zu Labeo und den Uebrigen).

Geht, ihr guten Leute!
Entfernt euch! Reißt im Herzen einer Mutter
Nicht alte Wunden auf.

Cornelia (in Gedanken versunken).

Ja, einen Mann
Wie ihn, sieht Rom nicht wieder! — Wie dies Wort
Mir alle Bilder jener schmerzlichen
Vergangenheit erneuert! —

Gracchus.

Theure Mutter,
Der Wagen wartet drunten —

Cornelia.

— Ist mirs doch
Wie heute, als das Volk ihn im Triumph
Vom Forum bis zu dieser Schwelle trug.
Schon neigte sich die Sonne — emsig saß
Ich noch am Webstuhl, dir das Hochzeitkleid
Zu weben, Cajus, da der dritte Tag
Licinia dir als Gattin einen sollte:
Da wälzte sich auf einmal ein Gewirr
Von Menschenstimmen dumpf von fern heran,
Das Thor sprang auf, der Hof erfüllte sich
Das Haus, mit Männern, die ihn im Triumph
Auf ihren Schultern trugen: „Gracchus Heil!"
So riefen sie, „Heil dir, Cornelia,
Der Mutter solches wackern Sohnes, Heil!"
Und meine Kleider küssend zerrten sie
Die Stufen mich hinunter, ließen nicht
Den Sohn aus ihren Armen, bis ich ihn
Empfangen in den meinen! — Armer Sohn!

Wie wenig Monden schon nach diesem Tag
Sah ich auf dieser selben Schwelle dich
Ermordet liegen! (bedeckt ihr Gesicht mit den Händen.)
Gracchus (für sich).

     O mit Blut, ihr Götter,
Wäg' ich einst diese Mutterthränen auf! —
(wieder zu Labeo) Geht, gute Leute, geht! —
Philokrates (leise zu Labeo).

       Eilt zum Pallast
Des Consuls, wo zum Gastmahl der Senat
Sich bald versammelt, — dort trefft ihr mich auch!
(Labeo und die Armen gehen ab.)
Gracchus.

Der Wagen harrt auf dich im Hofe, Mutter.
Cornelia.

Ich gehe. Folge bald uns nach, mein Sohn.
Gracchus.

Sobald ich das Geschäft erledigte,
Das mich zurück noch hält, seht ihr mich wieder.
Cornelia.

Ich will nach des Geschäftes Gegenstand
Dich nimmer fragen, nicht dem düstern Drang
Nachforschen, Cajus, der seit Monden schon
Dich vom Verkehr mit andern Menschen schied,
Dich tief in deine Bücher hier vergrub,
Und jetzt dich treibt, die Deinigen von Rom
Hinwegzusenden: Um dies eine nur
Will ich dich bitten: Bleib dem Unglückspfad
Des Bruders fern!
Gracchus.

   Was für Befürchtungen!

Licinia.
So fleh' auch ich! — Was dich zurück auch hält:
Vergiß der Deinen nicht, damit uns nicht
Zum zweitenmal ein Schreckensmorgen tage,
Der eines Gracchus Leben —
    Gracchus (sie zärtlich unterbrechend).
      Theures Weib!
Bald werden unsre Gärten dieser Furcht
In meinem Arm euch beide spotten hören. —
Doch nun lebt wohl, — schon bricht die Nacht herein.
Auf Wiedersehen denn!
    Cornelia und Licinia.
     Auf Wiedersehen!
(Alle ab bis auf Gracchus, es wird nach und nach dunkel.)

Dritter Auftritt.
   Gracchus (allein).
Wann wir uns wiedersehen? Euch, ihr Götter,
Die ihr vernommen meinen Racheschwur,
Ists kund allein! — Die Ahnung trügt euch nicht,
Ehrwürdge Mutter und geliebtes Weib:
Des todten Bruders unvollendet Werk
Zum Ziel zu führen, seinen blutgen Mord
Zu rächen, das nur ists, was von der Welt
Seither mich schied, das ists, was mich von Rom
Euch, meine Lieben, wegzusenden treibt!
Und säht ihr ganz in meines Herzens Tiefen,
Nie gingt ihr von mir, flehend klammertet
Ihr euch an meine Brust, um Mitleid mich
Für manches Römers Leben, für mich selbst
Und euch zu bitten! — Abgeschiedner Geist

Des theuren Bruders, ja bald send' ich dir
Zum Orcus deiner Mörder Schatten nach,
Gält' es mein eignes Leben!

Vierter Auftritt.

Gracchus, Philokrates.

Philokrates.

Herr, schon führt
Der Consul seine Gäste wieder heim
Von jener Lustfahrt auf dem Tiberfluß,
Womit er vor dem Mahle sie ergötzt —
Ich sah's vom Hof aus —

Gracchus.
— Sind die Frauen fort?

Philokrates.
So eben rollt der Wagen fort.

Gracchus.
Ein Gott
Schweb' über ihrem Pfad und lasse uns
Sie siegreich oder niemals wiedersehen!

Philokrates.
So sei's! — Und wenn du nun Tribun bist, Herr,
Dann spannen wir die fetten Senatoren
Vor unsre Pflüge, uns dasselbe Feld
Zu ackern, das sie uns entrissen haben.

Gracchus.
Nur vorenthaltnes Recht erstreben wir.

Philokrates.
Ei was, uns muß auch Rache werden, Herr!
Denn alle Bürger, die ich insgeheim

Für deine Wahl gewonnen, alle fordern
Für zwei Joch Land ein Joch von Senatoren.
Ich selber spannte mir am Capitol
Den dicken Prätor Scipio Nasica
Im Geiste schon vor meine Wagen, Herr.

     Gracchus.
Nicht auf dem Capitol, im Lager magst
Du ihn dir suchen, der vor deinem Pflug
Zu ziehn verdiente!

    Philokrates.
      Es ist Scipio
Dein Schwager, den du meinst?

     Gracchus.
      Der große Scipio!
O daß er meiner Schwester Gatte ist!
Daß diese Schwester zu des Bruders Tod
Noch immer schweigt, vielleicht das Frevelwort
Des Gatten billigt, das er rief, als man
Die Kunde von des Schwagers Tod ihm brachte:
„So sterbe Jeder, der sich gleicher That
Vermißt!"

    Philokrates.
   Für dieses Wort, wird er dereinst
Noch bittrer büßen, Herr, als zög' er wirklich
Vor meinem Pflug! — Doch nun beschwör' ich dich,
Geh zu dem Feste, Herr, wie man dich lud, —
Und laß mich dich begleiten —

     Gracchus.
     Daß du dort
Des Consuls Häschern in die Hände fällst?

    Philokrates.
Was kümmert mich des Consuls Blutbefehl,

Der mir und jedem Bürger von Fregellä
Den Tod erkannt, weil wir für deinen Bruder
Uns einst erhoben? — Wirst du nicht Tribun,
Der Rom und auch Fregellä rächen wird?

Gracchus.

So folge mir!
(Beide ab.)

Fünfter Auftritt.

Große Vorhalle im Pallaste des Consuls, von Lampen und Fackeln erleuchtet; zwischen den Säulen im Hintergrunde hindurch sieht man auf den Tiberfluss. Links befinden sich die Eingänge von der Straße her, rechts die in das Innere des Hauses.

Labeo (mit den Armen im Hintergrunde stehend).

Seht ihr den Lichterschein?
Den reichen Zug von Barken? Seht, jetzt wogt
Er um des Ufers Vorsprung dort heran! —
Ha, wie die Woge tausendfach den Glanz
Der Fackeln widerstrahlt, wie sich ringsum
Die Giebel röthen, und das Capitol
In ferner Nacht selbst feurigroth erglüht!

Sechster Auftritt.

Vorige. Septimulejus mit Sclaven.

Septimulejus.

Eilt, — werft den Rudrern schnell die Ketten zu! —
— Was will das Bettlerpack am Ufer hier?
Umlagert ihr, gleich Krähen, stets die Thür

Aus der Geruch von Speisen bringt? Hinweg!
Verekelt unsern Gästen nicht das Mahl! —
Im Hof mögt ihr euch um die Knochen zerren! —
(treibt Labeo und die Armen fort. Auf dem Flusse fahren jetzt eine Anzahl erleuchteter Gondeln an.)

Siebenter Auftritt.

Vorige. Der Consul, Mucius Scävola, Senatoren
(aus den Barken steigend).

Consul.
Wer lenkte Fulvia's, meiner Gattin, Kahn?

Septimulejus.
Der Sclave Thrax, dein bester Rudrer, Herr.

Consul.
Lass ihn mit Ketten geißeln! — Ihr Gewand,
Der Stolz der Webekunst, den Varro jüngst
Ihr aus Phönicien mit heimgebracht,
Es wurde durch sein Ungeschick durchnässt.

Septimulejus.
Herr, nicht mit Absicht —

Consul.
Schweig — und thu, wie ich
Befohlen.

Septimulejus.
Armer Thrax!
(ab.)

Consul.
Ich bitte nun
All meine edlen Gäste, nebenan
Im Festsaal einen Becher kühlen Weins
Sammt Imbiss einzunehmen! — Segnen uns

Die Götter dieses Mahl, wie Gastfreundschaft
Es treu und willig bietet! —
(die Senatoren und Gäste ab.)

Scävola (heimlich zum Consul).
Laff ein Wort
Dir im Geheimen sagen.
Consul.
Nun? Was ists?
Scävola.
Weißt du, daß Gracchus sich ums Tribunat
Bewirbt?
Consul.
Auch du schenkst diesem Märchen Glauben?
Scävola.
Vernimm mich, und dann richte.
Consul.
Rede denn.
Scävola.
Von meinem Gut, das südlich von der Stadt
Am Tiberflusse liegt, kehrt' ich zu Fuß
Mit einem Diener gestern Abend heim.
Ein Wetter drohte von den Bergen her,
Und wie wir unsre müden Schritte gleich
Beschleunigten, so überfiel uns doch
Noch fern vom Thore stürmisch wilde Nacht,
Daß in der Finsterniß wir uns vom Weg
Ins Feld verirrten.
Consul (für sich).
O Gesprächigkeit
Zur Unzeit!
Scävola.
Endlich bot ein düstres Haus

Am Bergesabhang — eine Schmiede war's,
Das Feuer lockt' uns schon von fern heran —
Uns unter einem Seitendache Schutz.
Dort harrend, fiel es uns wohl nimmer auf,
Daß von der Stadt viel einzelne Gestalten
Dem Hause nahten, denn der Hämmer Schlag
Bekundete des Schmiedes reichen Zuspruch.
Doch als ich meinen Blick von ungefähr
Nun durch ein Gitter werfe, das die Wand
Dicht neben mir durchbrach —

Septimulejus (zurückkommend).

      Die Tafel, Herr,
Steht in Bereitschaft —

Consul.

        Gut. Du fragtest doch
Beim Prätor Scipio Nasica an,
Warum er säumt bis diesen Augenblick?

Septimulejus.

Herr, schon zum zweitenmale sandt' ich hin,
Doch beidemale fand der Sclav ihn nicht
Daheim.

Scävola.

    Nasica? Ich vermag sein Säumen
Dir zu erklären.

Consul.

   Du?

Scävola.

      Laß mich bir nur
Zu End' erzählen.

Consul.

      Fahre fort, Du sah'st

2

Durch jenes Gitter — zürne nicht, daß ich
Dich unterbrach.
Scävola.
Als ich durch jenes Gitter,
Aus dem mir dumpfe Stimmen lange schon
Ans Ohr gedrungen, nun ins Innere
Des Hauses schaue — sah ich eine Schaar
Plebejer um ein düsters Fackellicht
Im ernsten Rath versammelt: „Rom — das Volk —"
Vernahm ich oftmals durch des Windes Lärm,
Bis dann ein Mensch, deß unheilvolle Stimme
Mir noch im Ohre tönt, ein blutges Kleid
Dem Licht der Fackel nahe hielt und rief:
„Seht hier den blutgen Pfandbrief eurer Freiheit
Den Cajus Gracchus einzulösen kommt!"
— Vernimmst du's, Consul?
Consul.
Wohl, nur weiter.
Scävola.
Da
Begann der Wind zu toben, daß ich nichts
Mehr hören konnte. Spät nach Mitternacht
Als sich das Wetter legte, trennten sich
Die Männer, doch so still und schattengleich,
Daß ich der Bäche Plätschern rings umher
Doch nimmer ihren Tritt vernahm, als sie
Im Mondenschein dann auseinandergingen.
Consul.
Doch Scipio Nasica?
Scävola.
Ihm theilt' ich

Nach meiner Heimkunft gleich den Vorfall mit.
Und daſſ er dir ihn noch nicht kund gethan,
Erfüllt mich ſehr mit Sorge.
      Septimulejus.
         Scipio
Naſica, Herr, naht eben dort durchs Thor.

Achter Auftritt.

Vorige. Scipio Naſica, von zwei Sclaven gefolgt.
       Scävola.
Dank ſei den Göttern!
       Conſul.
       Sei willkommen mir,
Du ſpäter Gaſt, der dieſen würdgen Freund
Von Sorgen endlich zu befreien kommt.
       Naſica.
Wie dich und alle treuen Römer, Conſul.
Was Scävola in letzter Nacht erlebt,
Ward dirs bekannt?
       Conſul.
      So eben theilt er's ſelbſt
Mir mit.
       Naſica.
    Und wiſſe, daſſ der Pöbel wirklich
Den jüngern Gracchus für das Tribunat
Zu wählen denkt.
       Conſul.
      Ich glaub' es dennoch nicht.
       Naſica.
Freund, ſeit der erſte Strahl im Oſten graute

Durchforschten die Aedilen mir die Stadt,
Und fanden, daſſ ſich ein Plebejerbund
Von Rom bis in die Municipien
Verzweigt, der alle Tribus für die Wahl
Des Gracchus feſt mit einem Schwur verbindet —
Scävola.
Da hörſt Du's, Conſul!
Naſica.
Und dem ganzen Staat
Verderben drohte, wenn der Führer ſich
Dem Bund nicht noch im letzten Augenblick
Entzog.
Scävola.
Der Führer? Weigert er der Wahl
Sich etwa?
Naſica.
Er entfloh von Rom.
Conſul und Scävola.
Entfloh?
Naſica.
So nenn ich's, denn man ſah in großer Haſt
Ihn ſammt den Seinen aus den Thoren eilen.
Sein Haus iſt leer. Die Thüren ſind verſchloſſen.
In Antrum, ſeinem Gut, verbirgt er ſich,
Und giebt das Volk zur ſtrengſten Züchtigung
In unſre Hände.
Conſul.
Scipio Aemilianus,
Der mit den Truppen aus Hiſpanien
Schon auf dem Heimweg iſt, er hätte dir
Des heutgen Tages Mühe ſparen können.

Scävola.

Den Göttern Dank, daß sie die drohende
Gefahr noch abgewendet!

Consul.

Kommt zu Tisch.

Nasica.

Herbei, ihr Sclaven!

(Die Sclaven treten vor.)

Wenn ihr drinnen mich
Im Polster schlummern seht, dann hebt ihr sacht
Mich in die Sänfte, hört ihr wohl? — und tragt
Mich heim; — doch kostets beiden euch ein Ohr,
Wenn ihr dabei mich aufweckt!

Consul.

Kommt! zu Tisch!
(Alle ab.)

Neunter Auftritt.

Labeo (tritt auf).

Ihr Götter, welches Schwelgen hier im Hause!
Drei Eber aus Lucanien braten dort
Am Spieß, und funfzehn Pfauen, deren bunt
Gefieder in des Hofes Kehricht liegt,
Darin die Hunde wühlen! — Aber uns
Versagt man selbst ein dürftig Fleckchen Land,
Um unsers Lebens Nothdurft drauf zu bauen! —

Zehnter Auftritt.

Sempronia und Syphax (treten rasch auf) Labeo.

Syphax.

Bedenke, Herrin —

Sempronia.

Ha, mein Bruder hier?
Als Gast im Haus des Consuls?

Syphax.

Eben rief's
Der alte Pförtner mir durchs Gitter zu.

Sempronia.

O wehe mir, dass ich, ein Weib, die Schmach,
Die unser Haus getroffen, schmerzlicher
Empfinden muss, als Cajus du, der einst
Des Bruders Opfertod mit Augen sah!

Labeo (für sich).

Ist das Sempronia, Scipio's Gattin nicht?

Sempronia.

Der Mörder freches Mahl seh' ich dich theilen,
Uneingedenk der Pflichten, die dir Rom
In des Tribunen Mord, die die Natur
In deines Bruders Mord dir auferlegt!

Labeo (vortretend).

Was führt dich, edle Frau, in dieser Stunde
In dieser Kleidung vor des Consuls Thür?

Syphax.

Was fragst du, Unverschämter?

Sempronia.

Lass ihn nur!
Mag doch ganz Rom es wissen, dass Sempronia
Von ihres Gatten Heerd entflohen ist,
Dass sie in eines Sclaven Hut sich gab,
Nach Rom zu eilen, um sich auf dem Grab

Des ältern Bruders selbst den Tod zu geben,
Weil ihm der jüngre nicht zum Rächer ward.

Syphar.

Sieh Herrin, dort — dort naht im Kahn sich erst
Dein Bruder!

Sempronia.

Ihr Unsterblichen — er ists!
— Kommt, jener Pfeiler mag mich ihm verbergen,
Daß ich durch meinen unverhofften Anblick
Ihn prüfen kann!
(sie treten beiseite.)

Elfter Auftritt.

Vorige. Gracchus und Philokrates (aus dem Kahn
steigend).

Philokrates.

So glaubt man's allgemein,
Daß du der Wahl nicht denkst, und insgeheim
Nach Antrum, deinem Gut, entflohen seist.

Gracchus (in die Halle vorschreitend).

Wie Grabesschauer weht die Luft mich an
In diesen Räumen! — Jedes Standbild blickt
Mich starr mit meines Bruders Zügen an.

Philokrates.

Du nahst ja nicht als Freund und zum Genuß; —
Man lud dich ein aus Spott, und rächend trittst
Du jetzt, ein Schreckensgast, in ihre Mitte!

Sempronia (vortretend).

Eh du zum Mahl mit jenen Frevlern gehst,

Brich dieses Herz zuvor, das noch auf Rache
Für unsers Bruders Tod von dir gehofft!
Gracchus.
Sempronia!
Philokrates.
Die Gattin Scipio's!
Gracchus.
Was führte dich hieher? Sprich Weib — bist du —
Hat er aus seinem Hause dich gestoßen?
Sempronia.
Nein, dieser Schimpf blieb deiner Schwester wohl
Erspart! — Mein eigner Wille trennte mich
Von ihm, an den seit unsers Bruders Tod
Mich keine Pflicht mehr binden soll.
Gracchus.
So sei
Im Namen aller Rachegötter mir
Willkommen!
Sempronia.
Wie? Du hättest nicht Tiber's
Vergessen? Wärst mit seinen Feinden nicht
Verbündet?
Gracchus.
Ich Tiber's vergessen? Ich
Mit jenen blutgen Schlächtern mich verbinden?
O dieser Ort, zu dem der Rache Grimm
Mich hergeführt, ist nicht geeignet, du
Bist selbst nicht stark genug in dieser Stunde
Zu hören, wie des Todten ich gedacht! —
Sempronia.
O rede, laß in einem Wort mich's wissen —

Gracchus.

Nun wohl, so wisse denn: Nicht heißer bebt
Der Bräutigam, der Braut sich zu verbinden,
Als ich, Tribun zu sein, das edle Werk
Des Bruders zu vollenden, seinen Tod
Zu rächen!

Sempronia.

Das sieht meinem Bruder gleich!

Gracchus.

Doch wie erscheinst du selber hier?

Sempronia.

Ich floh
Aus Sutra heimlich fort, wohin mich Scipio
Verbannt —

Gracchus.

Verbannt? Warst du dorthin verbannt?

Sempronia.

Weil ich den Bruder unerschrocken stets
Vertheidigte, ward ich durch cretische
Soldaten — da des Hauses Diener sich
Des Dienstes weigerten — hinweggeführt
Nach jenem rauhen Felsenschloß.

Gracchus.

Ihr Götter!

Sempronia.

Auf seinem Zuge nach Hispanien
Erschloß mein Gatte selbst mir bald darauf
Den Kerker wieder. Schweigend folgt' ich ihm
Zur Halle, wo ich meine Dienerschaft
Versammelt fand. Voll banger Ahnung sprach ich
Zu Scipio: „Wie steht es um Tiber?"

Doch regungslos, wie Jovis Marmorbild,
Das neben ihm in der Rotunde ragte,
Gab er von seinem Tode mir Bericht;
Und schloß dann grausam mit dem Schreckenswort:
„Er starb verdienten Tod!"
Gracchus.
O Frevler!
Sempronia.
Doch
Der Blick, der glühend mir vom Auge zuckte —
Ich fühlte diesen Blick — er mußte tief
Im Innern ihn erschüttern, — todtenbleich
Trat er zurück und faßte sich mit Mühe
Zu weitern Worten nur. — Ich aber schritt
Mit gleicher Kälte, wie er mir bewies,
Zurück in mein Gemach, und warf mich dort
Zur Erde hin in Jammer und Verzweiflung,
Verwünschte Rom und dich, mein Bruder, dich —
Weil du die That gelitten —
Gracchus.
Wüßtest du —
Sempronia.
Jetzt weiß ich es, du konntest ihn nicht retten,
Doch schien die That in jener Stunde mir
So unerhört — da ja die Macht Tibers
Beim Volk so groß war — daß ich zürnend hoffte,
Du müßtest bald mir von den Trümmern Roms
Nach meinem Felsensitz hinüberrufen:
Sieh, Schwester, sieh — so rächt' ich unsern Bruder!
Doch schwiegst du, — auch die Mutter schwieg — so kehrte
Mein Zweifel sich in Haß auf euch und mich,

Mich selbst; in Sutra hätt' ich mich begraben,
Wenn Scipio's Zurückkunft mich nicht jetzt
Hierhertrieb.
             (Jubel und Musik hinter der Scene.)
                Gracchus.
            Fort jetzt, fort von diesem Ort!
Zum Mutterhause eile, theure Schwester; —
Bald folg ich dir! —
                Sempronia.
             So künde jenen Mördern,
Daß du das Schwert des schrecklichsten Gerichts
Schon über ihren Häuptern schwebend hältst —
                Gracchus.
Sei ohne Sorgen, hören sollen sie —
                Sempronia.
O dürft' ich mit dir gehen, dürft ich's sehen,
Wie sie erbleichen, wie mit Speis' im Mund
Der Consul selbst auf seinem Sitz erstarrt —
                Gracchus.
Hinweg nun, Schwester, eile —
                Sempronia.
                          Lebe wohl!
Mein und des Bruders Geist umschweben dich
In treuer Hut, bis wir uns wiedersehen.
                (ab mit Syphar.)

Zwölfter Auftritt.

                Gracchus.
Und jetzt hinein! — Philokrates, du kennst
Dein Amt! —

Philokrates.

Ich wache, Herr, und Rom mit mir!
(Gracchus ab.)

Philokrates.

Er ist hinein! — Und möge nun der Kampf
Losbrechen unverweilt — he, Labeo! —
Daß jeder Rückweg ihm verschlossen sei,
Nur so wird mit dem Sieg uns volle Rache!

Labeo.

Was meinst du?

Philokrates.

Ich vertraute dir, was hier
Im Werk' ist —

Labeo.

Ja, ich weiß, Tiberius Gracchus
Kehrt' aus dem Grab uns wieder —

Philokrates (lauschend).

Horch! Vernimmst du,
Wie still es drinnen wird?

Labeo.

Fürwahr, man hört
Nur noch die Schüsseln klappern! —

Philokrates.

Ha, das wird
Ringsum Gesichter geben, bleich wie Kalk! —
Vernimm! — Sobald da drinnen Streit entsteht,
Dann rufst du deine Freunde aus dem Hof
Herein, und schreist in allen Straßen Roms:
„Zu Hülfe, Römer!" — Denn der Consul wird,
Wenn Gracchus ihm verkündet, was er vorhat,

Ihn nach dem Blutgesetz verhaften lassen,
Das seines Bruders Freunde traf, und das
Auch ihm noch droht —
Labeo.

Still, still — man kommt!
Philokrates.

Laß uns
Zur Seite treten.
(sie treten beiseite.)

Dreizehnter Auftritt.

Vorige. Septimulejus.

Septimulejus.

Dieses Täfelchen
An die Aedilen — und des Consuls Ring?
Das gilt dem unwillkommnen Gast, ich wette,
Dem Gracchus!
Philokrates.

Labeo, nun ist es Zeit!
(Labeo eilig ab.)

Philokrates *(Septimulejus den Weg vertretend).*
Halt!
Septimulejus.

Halt? Was willst du frecher Schuft?
Philokrates.

Ich will
Den Schädel dir zerschlagen, wagst du es
Den Auftrag auszurichten, der dir ward!
Septimulejus.

Wer bist du Kerl? Willst du im eignen Haus

Mir hier den Weg vertreten? Warte Schuft,
Du sollst mit blutgen Ohren mir sogleich
Am Stallthor zappeln! Heda, Sirmio!
Philokrates.
He, Labeo!
Septimulejus.
Wer dieser tolle Kerl
Nur sein mag? — Aber — jetzt erkenn ich ihn:
Du bist der Waffenschmied, der in Fregellä
Des Kerkers Thor zerschlug mit seinem Hammer,
In welchem der Empörer letzte Schaar
Des Todes harrte: Ich verhafte dich! —
(will Hand an ihn legen.)
Philokrates.
Bin ich der Waffenschmied, der das vollbracht,
So führ' ich jenen Hammer heute noch.
(treibt Septimulejus zurück.)
Septimulejus.
Herbei, ihr Sclaven!
Philokrates.
Bürger Roms, herbei!

Vierzehnter Auftritt.

Von der einen Seite kommen mehre Sclaven, von der andern
Seite Labeo mit den Armen und andern Bürgern. Bald
darauf: Der Consul, Scävola, Nasica, Senatoren,
Gracchus.

Septimulejus.
Hier dieser ist ein Fregellaner, der
Dem Tod verfiel!

Philokrates.

Hier dieser Schurke will
Des edlen Gracchus Leben uns gefährden!
(Beide Partheien treten einander drohend gegenüber.)

Septimulejus. (schreiend).

Zu Hülfe deinem Diener, Herr! Empörung
Naht deiner Schwelle, Consul! Hülfe! Hülfe!
(Der Consul, Scävola, Nasica, Gracchus, Senatoren.)

Consul.

Wer stört mit solchem Lärmen uns das Fest?

Nasica.

Wer ruft um Hülfe hier?

Septimulejus.

Herr, dieser Mensch
Vertrat mir frech den Weg, als ich, wie du
Befahlst, zu den Aedilen eilen wollte —

Gracchus.

Zu den Aedilen?

Septimulejus.

Da ich nun in ihm
Den flücht'gen Fregellaner auch erkannte,
Den Waffenschmied, der damals mit Gewalt
Die Mehrzahl der gefangenen Empörer
Aus ihrer Haft befreite —

Consul.

Ha, ist dies
Der freche Schmied?

Septimulejus.

Er ist es, Herr, — als ich
Ihn durch die Scaven fesseln lassen wollte,
Erwehrte er sich meiner mit Gewalt,

Und diese frechen Bettler halfen ihm,
Im eignen Haus die Diener dir mißhandelnd —
Consul.
Du sollst zur Stelle mir am Klotze heulen,
Verwegner Schuft!
Nasica.
Bestreicht den Hund mit Pech,
Daß er als Fackel uns im Saale leuchte!
Scävola.
Auch ich erkenn' in ihm den Wüthenden,
Der in der Schmiede dort das blutge Kleid
Entfaltete!
Consul.
Ergreift ihn, Sclaven!
(Septimulejus und die Sclaven bringen auf Philokrates ein, Gracchus tritt dazwischen.)
Gracchus.
Halt! —
Er ist mein Diener, steht in meinem Schutz! —
Dich, Consul, der das Gastrecht sicher nicht
Geringer achtet, als des Hauses Recht,
Wogegen hier mein Diener jetzt verstieß,
Dich frag' ich: Wozu rief[s]t du die Aedilen?
Consul.
Dich zu verhaften rief ich sie hieher,
Dich, den die blutge Hälfte von der Schuld
Des Bruders noch belastet, und der doch
Aufs Neue Aufruhr und Empörung sinnt!
Nasica.
Daß morgen Rom nicht einem schändlichen
Verschwörungsplan zum sichern Opfer falle,
Das hindern wir durch die Gesetze jetzt.

Consul.

Und was bedarf es der Aedilen noch,
Wenn ein Empörer uns entgegentritt,
Gefährlicher als Jener, den wir einst
Mit eigner Hand am Forum richteten?
Auf, Sclaven, sperrt den Zugang dort zum Fluß,
Daß keiner dieser Frevler uns entrinne!

Gracchus.

Tod und Verderben dem, der Hand an mich
Zu legen wagt!

Philokrates und die Bürger.

Für Gracchus unser Leben!
(treiben die Sclaven, welche auf Gracchus eindringen, zurück.)

Consul.

Bin ich nicht Herr im eignen Hause mehr?

Gracchus.

Ihr Bürger, die ihr wißt, daß ich das Amt
Des Bruders zu vollenden, seinen Mord
Zu rächen, um des Volks-Tribunen Amt
Mich jetzt bewerbe: Auf, wer dieses Amts
Mich würdig hält, er folge mir zum Forum!

Philokrates, Labeo und die Bürger (durcheinander).

Hoch Gracchus, der Tribun! Zum Forum! Auf!
(Gracchus, Philokrates, Labeo und die Bürger unter großem Tumult ab.)
(Der Vorhang fällt.)

Zweiter Aufzug.

Das Innere von Scipio's Zelt im römischen Lager;
es ist Nacht.

Erster Auftritt.

Servius (steht am Eingange des Zeltes).

Ob ich ihn von dem Aufruhr unterrichte?
Das Lager summt gleich einem Bienenneſt! —
Die Kunde, daſſ der Volkstribun zu Rom
Senat und Conſul ihrer Macht beraubte,
Entfremdet ſelbſt die Krieger dem Gehorſam,
Daſſ ſtatt des hohen Namens Scipio
Der Name Gracchus durch die Reihen tönt! —
— Doch du auch, Feldherr, gleichſt dir ſelbſt nicht mehr! —
Denn ſeit die Gattin ſich von dir getrennt,
Birgſt du dich tagelang im Zelte hier,
Achtlos des Heeres, deſſen Ordnung mehr
Und mehr ſich lockert, daß ein Schatten kaum
Der alten Strenge die Cohorten bannt!

Zweiter Auftritt.

Servius. Ein Centurio (tritt ein).

Servius.

Wer ſtört im Schlaf den Feldherrn? —

Centurio.

Es verlangt
Das Heer, daß der Soldat, der jüngst im Zorn
Erstochen seinen Hauptmann, als er ihn
Auf Sclavenart gezüchtigt, unverweilt
In Freiheit komme.

Servius.

Sprach der Feldherr ihm
Das Todesurtheil nicht?

Centurio.

Uns kam die Kunde,
Daß jüngst in Rom durch einen Volksbeschluß
Den Völkern Latiums Bürgerrecht ertheilt sei,
Und daß kein Römer den Latiner mehr
Zu züchtigen sich unterfangen dürfe.

Servius.

Im Felde gilt des Feldherrn Wort allein.

Centurio.

Der Feldherr herrscht im Heer, doch Rom gebeut
Dem Feldherrn selbst.

Servius.

Und redet Rom etwa
Durch dich, schaamloser Meuterer?

Centurio.

Giebt uns
Der Feldherr nicht den Kampfgenossen frei,
Beim Zeus! So reißen wir ihn mit Gewalt
Aus seiner Haft!

Servius.

Verwegener, du bist
Des Todes!

Centurio.

Darum geh, und weck' ihn nur.
Uns ward auch wohl bekannt, was ihn ins Zelt
Seit wenig Tagen bannt; — der blutge Geist
Des Schwagers steigt vor seinem Blick herauf,
Er fühlt, auch über ihm steht noch ein Richter
Und Rächer!
(Tumult draußen.)

Servius.

Was ist das?

Centurio.

Er ist's — der Consul!
Er sucht beim Feldherrn Hülfe — gestern schon
Kam uns die Kunde — wahrlich, dem Empfang
Darf ich nicht fern sein, — doch ich kehre wieder!
(ab.)

Servius.

Der Consul — Hülfe suchend?
(er tritt an den Eingang des Zeltes, durch welchen jetzt die Morgenhelle einbringt.)
Ewge Götter,
Er ists! Dort, wo der Krieger Masse sich
Der Brücke zudrängt — Feldherr, wache auf! —
Dort seh ich seinen Wagen — weiß erglänzt
Sein Kleid im Morgenlicht — Der Führer peitscht
Die Rosse vorwärts — doch — der Wagen stürzt —
Kaum schützen Wenige des Consuls Flucht
Hieher! — Auf, Scipio, Feldherr, rette, hilf!

Dritter Auftritt.

Der Consul Opimius, Mucius Scävola (stürzen hastig herein). Der Centurio und lärmende Krieger (zeigen sich vor dem Eingange des Zeltes). Servius, (bald darauf) Scipio.

Consul.

Wo ist der Feldherr? Ist das Scipio's Heer.
Das einer wildgewordnen Bestie gleich
Den eignen Führer anfällt?

Scävola.

Haben wir
Uns in des Feindes Lager hier verirrt?
(Scipio tritt aus dem Innern des Zeltes hervor.)
Servius (gegen die Krieger).

Zurück! Es stirbt, wer nicht vom Eingang weicht!

Consul.

Wo ist der Feldherr?

Scipio.

Er steht vor euch.
(Der Centurio und die Krieger entfernen sich bei seinem Anblick.)

Consul.

Freund —
Das Leben kaum — welch ein Empfang — du siehst
Mich noch ganz außer mir —

Scävola.

Entsank der Hand
Des Africaners selbst der Herrschaft Zügel
Im eignen Heer, dann sinke Rom in Staub.

Scipio.

Daß Ordnung und Gehorsam herrscht im Heer,
Davon laßt unverweilt mich den Beweis

Euch geben. — Servius, geh, führe mir
Das Roß zu einem Ritt durchs Lager vor.
Consul.
Wie, Freund? Willst du in den Tumult dich wagen?
Scävola.
Ha nimmermehr!
Scipio
Lass die Lictoren mich
Begleiten mit den Beilen, und befiehl,
Dass sich die Legionen vor den Zelten
In Ordnung stellen. Jede der Cohorten
Von der der Hauptmann mir die Meuterer
Nicht nennt, die sich an diesem frechen Aufruhr
Betheiligten, verliert den zehnten Mann.
Servius.
Herr, dein Befehl soll streng vollzogen werden.
(ab.)
Consul.
Ruf' erst die Führer hier zum Rath zusammen,
Eh du dem Heer dich zeigst! —
Scävola.
Erhalte dich
Für Rom, deff letzte Hoffnung du noch bist!
Scipio.
Lasst ungestört den Feldherrn seiner Pflicht
Genügen! — Und nun redet, wie bin ich
Roms letzte Hoffnung, und was führt euch her
Ins Lager?
Consul.
Blieb dirs fremd, in welchen Aufruhr
Dein Schwager Cajus Gracchus Rom versetzt?

Scipio.

Uns Tribunat des Volks bewarb er sich,
So hört' ich.

Consul.

All die unheilbringenden
Gesetze seines Bruders rief er neu
Ins Leben.

Scipio.

Dieser Träumer, dieser Cajus?

Consul.

O du bist von dem Listigen getäuscht
Gleich uns! — Den tiefsten Rachedurst verbarg
Er unterm Schein der Furcht und Träumerei,
Uns ganz in sichre Ruhe einzuwiegen,
Und — wie ein Tiger aus dem Hinterhalt —
Uns jetzt zu überfallen!

Scipio.

Leistetet
Ihr bei der Wahl nicht kühn ihm Widerstand?

Consul.

Umsonst war unser Mühen! —

Scävola.

Seine Losung
War: Rache für den Bruder, und das Volk
Gab seine Stimmen, wie dem Bruder einst,
Ihm alle.

Consul.

Erst in dieses Bruders Rache
Wird der Ermordete uns fürchterlich!

(Servius kehrt zurück, es wird ein Pferd vor den Eingang des Zeltes geführt,
Lictoren erscheinen dahinter.)

Servius.

Das Pferd ist vorgeführt, wie du befohlen,
Und dein Befehl im Lager kund gemacht.
　　　　　　　Consul.
Geh nicht hinaus, ich flehe dich, bevor
Die Führer die Empörung nicht gedämpft! —
　　　　　　　Scävola.
Ein Wurf von Meutrerhand — und o dein Leben
Ist hin!
　　　　　　　Consul.
　　　　　　　　Erhalte dich dem Vaterland
Das du, nur du allein noch retten kannst!
　　　　　　　Scipio.
Ist es zu retten noch, im Lager hier,
In diesem Augenblick muß es geschehen!
Drum haltet nimmer mich zurück! — Und wäre
Der Tod beim ersten Schritte mir gewiß,
Ich ginge dennoch, weil die Pflicht es fordert! —
Die Kränkung, die das höchste Haupt von Rom
Im Lager hier getroffen, räch' ich nun
An dem empörten Heer, dem ich gebiete!
　　(er besteigt das Pferd und reitet ab, Servius und die Lictoren folgen.)

Vierter Auftritt.

Der Consul. Mucius Scävola.

　　　　　　　Consul.
Er geht, er ist verloren!
　　　　　　　Scävola.
　　　　　　Götter, führt
Ihn lebend uns zurück!

Consul.

O schweig, die Götter
Sie spotten deiner Bitte! — Mögen sie
Mich nicht die Sonne länger schauen lassen
Nach diesem Tag!
(Tumult draußen.)

Scävola.

Hörst du den Lärm?
(will nach dem Eingange des Zeltes eilen, der Consul hält ihn zurück).

Consul.

Sieh nicht
Hinaus! Des Todes Nacht verhülle uns
Das Schreckliche, was draußen vor sich geht!
Laß uns nicht Zeugen sein, wie Scipio,
Roms Stolz und Ruhm, von Sclavenhänden fällt.
Der Augenblick, der ihm das Leben raubt,
Er sei auch unser letzter Augenblick!
(er zieht das Schwert, um sich zu tödten; Scävola hält ihn zurück).

Scävola.

Halt ein, o Consul, kann der Götter Huld
Ihn nicht dem Vaterlande noch erretten?
Und wenn sein Tod in ihrem ewgen Rath
Beschlossen worden, o so sei du selbst
Dem nun verwaisten Rom für ihn Ersatz!

Consul.

Unglücklicher, verzweifelst du allein
An Roms Erhaltung nicht? Und Scipio
Nasica, dem noch niemals in Gefahr
Der Muth entsank, gab selber sich den Tod?

Scävola.

Nasica — wie? — er gab sich selbst den Tod?

Consul.

Ich hielt es dir, so lang' ich noch für Rom
Auf Scipio hoffen durfte, Freund, verborgen —

Scävola.

Wann? Wo geschah das Schreckliche?

Consul.

Bevor
Wir Rom zu Nacht verließen — und ich selbst
War Zeuge seines Todes.

Scävola.

Rede, sprich,
Erzähle —

Consul.

Der Tribun bedrohte ihn
Durch das Gericht des Volkes mit dem Tod,
Und ihn zu warnen, sprach ich bei ihm vor.
Ich fand ihn schlafend. Ruhig setzt' er sich
Auf seinem Lager auf und lehnte dann
Beharrlich meine Mahnungen, daß er
Entfliehen möge, ab. Dann mischt' er sich
Am Tischchen einen Becher Wein mit Wasser,
Und stürzte ihn in raschem Zug hinab.
Indeß ich nochmals nun der Väter Schluß,
Der uns hierher jetzt führt, mit ihm besprach,
Und er, wie kurz zuvor im Capitol,
Ihn abermals verwarf, streckt' er sich wieder
Aufs Lager nieder, dicht bis unters Kinn
Die Decken ziehend. Als ich länger noch
Zu reden fortfuhr, und beschwörend endlich
Ihn bei der Hand ergriff — ihr ewgen Götter!
Da faßt' ich eine kalte Todtenhand —

Das Gift, das er in jenem Weine trank
Hatt' ihn bereits getödtet!
(Lautes Jubelgeschrei draußen.)
Scävola.
Neuer Lärm?
Consul.
Es ist geschehen, er ist todt! Die Sclaven
Frohlocken über ihres Feldherrn Tod!
Scävola (sieht aus dem Zelte).
Was seh ich? Ha, so weit das Auge schaut,
Erglänzen Schild und Speer —
Consul.
Und Scipio?
Scävola.
In Ordnung steht das ganze Heer — sein Blick
Hält es in regungsloser Furcht gebannt —
Consul.
Ist's möglich? Götter!
(eilt gleichfalls an den Eingang des Zeltes.)
Scävola.
Langsam reitet er
Die Reihen nieder — sieh, man neigt vor ihm
Die Adler — doch jetzt hält er an — man führt
Gefesselt eine Schaar Gefangener
Ihm vor — ein Führer scheint zu reden — die
Gefangnen knien — dichter drängt man sich
Um ihn zusammen —
Consul.
Schützt ihn, schützt ihn Götter!
Scävola.
Doch sieh — schon öffnet sich der Kreis um ihn —

Streng winkt er den Lictoren zu und wirft
Sein Roß herum —

      Consul.

        Er kehrt zurück! Er kehrt
Als Sieger über die gefährlichste
Empörung heim! — Dem Gott des Krieges gleich
Schwebt er daher durch die gepanzerten
Cohorten, die vom Strahl der Sonne nicht,
Vom Widerscheine seines Auges glänzen!

Fünfter Auftritt.

Vorige. Scipio, Servius, die Lictoren, welche den Cen=
   turio gefesselt mit sich führen.

      Consul.

Das Vaterland dankt seinem besten Sohn
In diesem Händedruck für seine Rettung!

      Scävola.

Ein neuer Cocles und Capitolinus
Stehst du vor uns —

      Consul.

       Ein größerer als beide,
Der Rom vor seinem schlimmsten Feinde nun,
Dem Bürgerkriege, zu bewahren kommt.

      Scipio.

Führt den Gefangnen vor. (Es geschieht) Hier der Centurio
Erregt' im Lager jene Meuterei,
Wofür der Tod ihn trifft. Es bringt das Heer
Euch diese Sühnung. Und vor seinem Ohr
Sei es gesagt: Er war der tapferste
Der Centurionen, der als Erster einst

Karthagos Mauern überstieg, der stets
Dem Heer als Muster galt und den allein
Sein Feuersinn zu diesem Aufstand fortriss.
Consul.
Um beinetwillen sei das Leben ihm
Geschenkt. Versöhnen mög' er dich und Rom
Durch neue treue Dienste.
Scipio.
Consul, nicht
Um dieses edlen Fürworts willen zollt'
Ich ihm dies Lob, nein, dass er selbst erkenne,
Wie der Verrath am Vaterlande mir
Die höchste Kriegertugend werthlos macht,
Und dass ihm nur Gerechtigkeit geschieht,
Wenn er den Tod erleidet. Führt ihn fort
Lictoren! Und vollzieht im Angesicht
Des Heeres jetzt an ihm das Todesurtheil!
(Servius, die Lictoren und der Centurio ab.)
Consul.
Du bist der Römer größester! Du lehrst
Auch uns nun wieder echte Römer sein.
Scävola.
In dieser Heldenstärke harre aus,
Dann bangt mir um die Zukunft Roms nicht mehr!
Scipio.
Und fürchtest du, dass, wo die ewgen Götter
Mich zwischen Rom und eignen Wunsch gestellt,
Ich auch nur schwanken könne? Gab ich doch
Für Rom schon Größeres, als heute, hin.

Sechster Auftritt.

Vorige. Servius (mit einem Briefe).

Servius.

Ein Bote brachte diesen Brief von Rom.

Scipio (nimmt den Brief).

Das ist Cornelias Hand! (liest.)

Consul (leise zu Scävola).

Cornelias Hand?

Scävola.

Des Gracchus Mutter? — (zu Servius) Servius, von wem
kommt dieser Brief?

Servius.

Ich sah den Boten nicht.
Der Hauptmann, der die Vorwacht nach der Stadt
Befehligt, nahm ihn an und gab ihn mir.
Denn, wie der Feldherr eben erst befahl,
Erhält kein Römer Zutritt mehr im Lager,
Als nur, wenn er ausdrücklich es erlaubt.

Scipio.

Verzeihe Consul; — lies hier selbst, was mir
Cornelia, des Gracchus Mutter, schreibt.
Sie bittet mich zu einem Zwiegespräch
Mit ihrem Sohn auf ihren Sommersitz, —
Sie meint, daß zwischen euch und ihrem Sohn
Ich des Vermittlers Amt —

Scävola (rasch).

O höre sie,
Durch deren Mund die Götter selber reden! —
Denn was sie ausspricht, schwebte lange schon
Mir vor dem Geiste —

Consul.

            So ist Rom vielleicht
Noch ohne äußerste Gewalt zu retten.

Scävola.

Auch weiß ich, treu hängt dieses edle Weib
Am Vaterland! —

Consul.

            So mag Cornelia denn,
Mit dir vereinigt, Rom den Frieden geben.

Scipio.

Versuchen wir des milden Zuspruchs Kraft
Noch einmal denn vor der Gewalt der Waffen.
Geh, Servius, in Antrum zu verkünden,
Daß ich noch heute dort zu dem Gespräch
Erscheinen werde.

         (Servius ab.)

         Lasst uns auf dem Weg
Indess berathen, wie wir den Vertrag
Zum Heil des ganzen Staats am besten schließen.

(Alle ab.)

Siebenter Auftritt.

Antrum. Vor dem Landhause des Gracchus.

Cornelia, Sempronia und Licinia (treten auf).

Cornelia.

Ich theilt' euch mit, was ich an Scipio schrieb.
Dort hinter jenen Hügeln liegt sein Lager,
So dass uns jede Stunde seine Antwort,
Ihn selbst uns bringen kann. — Licinia,
Darum bereite deinen Gatten vor

Auf dies Gespräch, o häng noch einmal dich
Mit deiner Liebe Glück an Cajus Herz,
Versöhnlich ihn zu stimmen.

Licinia.

Werd' ich es
Vermögen? Sieh ihn dort im Zimmer nur
Umringt von Bürgern, fremder Fürsten Boten,
Von Klägern und Beamten aller Art,
Und sprich, geliebte Mutter, ob ich nicht
Vergebens bitten werde?

Cornelia.

Einmal noch
Versuch' es, theures Kind, was Schmeichelreden,
Was Thränen selbst vermögen.

Licinia.

Sei es denn.
(ab.)

Cornelia.

Sempronia, kraft meines Mutterrechts
Befehl' ich dir zum letztenmale jetzt,
Zurückzukehren an des Gatten Heerd.

Sempronia.

Du weißt, daß ich ihn hasse.

Cornelia.

Doch du bist
Sein Weib, das ihm Gehorsam schuldig ist!
Dein Widerstreben gegen eine Pflicht,
Die dir mit gleicher Strenge das Gesetz
Der Sitte wie des Staates auferlegt,
Es ist umsonst! — Wenn Scipio, sein Weib
An seines Hauses Heerd zurückzuführen,

Nun selbst des Prätors Arm zu Hilfe ruft,
Dann hemm' ich seine Strenge nicht, mein Kind!
Sempronia.
Du thust's auf die Gefahr der Folgen, Mutter!
Cornelia.
Die Folgen deiner Weigerung bedenke,
Die, wenn sie jetzt der Männer Aussöhnung
Verhindert, Rom Verderben bringen muss! —
Bringst du den Schmerz um deines Bruders Tod
In Anschlag gegen einer Mutter Qual,
Die ihn gebar, erzog, mit höchstem Ruhm
Gekrönt und dann ermordet sah?
Sempronia.
       O wär'
Es nur der Schmerz um meines Bruders Tod,
Was mich von ihm zurückstößt! —
Cornelia.
      War er nicht
Einst deines Herzens Wahl?
Sempronia (hastig).
      Die eure war's!
Nicht meine Wahl! Geblendet von dem Ruhm
Des jungen Römers, wähnt' ich eitles Kind —
Denn Kind noch war ich — meines Herzens Drang
Zu folgen, wenn ich eurem Wunsch mich fügte,
Die ihr das Ansehn unsres Hauses doch
Mit seinem Ruhm nur zu erhöhen strebtet,
War glücklich, weil ich euch durch diesen Bund
Beglückt sah! — Aber dass dies heiße Herz
Sich niemals dieses Mannes strengem Sinn
Vollkommen fügen lernte, konnt' ich's wissen?

Ihr aber wußtet es, nur ihr seid schuld,
Wenn statt der Römerinnen glücklichster
Ich nun die unglückseligste geworden!

Cornelia.

Mit Duldung und Gehorsam lernt das Weib
Sich jedem Gatten fügen.

Sempronia.

Glücklich die,
Die es vermag; ich, Mutter, kann es nicht!
Und leugn' es nur nicht Mutter, daß du selbst
Im Innersten doch meine Abneigung
Gerecht erfindest, ob du tausendmal
Sie gegen mich und vor der Welt verdammst!

Cornelia.

Unglückliche, so willst du denn mit dir
Auch mich und unser ganzes Haus verderben?

Sempronia (nach einer Pause).

Vernimm mich, Mutter! Beugen will ich mich
Der harten Pflicht, die du mir auferlegst,
Heimkehren will ich an des Gatten Heerd,
Ob mir das Herz auch breche! Aber laß
Zuvor ein warnend Wort mich dir verkünden:
Die beiden Männer einst du dennoch nicht!

Cornelia

Den Göttern wirds durch meine Kraft gelingen.

Sempronia.

O Mutter, Mutter! Jene dunkle Macht,
Die seit dem Tod Tiber's dem Gatten mich
Nicht ruhig mehr ins Auge blicken ließ,
Die wie mit Schlangenhieben mich hinweg

Von seiner Seite geißelte, Tiber's
Gespenst, das zwischen beiden steht, du wähnst's
Mit Worten zu beschwören? — Mutter, Blut
Allein nur bannt es in sein Grab zurück! —
Doch mein Gehorsam zeige dir, was Rom,
Was mir die Mutter gilt!
(ab.)
Cornelia.

      Ihr Götter, helft
In Rom und meinem Hause Frieden stiften!
(ab.)

Achter Auftritt.

Gracchus und Licinia (aus dem Hause).

Licinia.

Nun bist du wieder mein, nachdem ich dich
Zu lang' entbehrt.
Gracchus.

     Für heute bin ich dein.
Licinia.

O thürmte dieses Gartens Mauer sich
Unübersteigbar gegen Rom empor,
Und pflegten wir, wie sonst, der stillen Künste
Des Friedens hier.
Gracchus.

    Wie sonst — o schöne Zeit,
Wo bist du hin?
Licinia.

    Sie ist noch nicht entschwunden; —
Dies sind die Plätze noch, wo Accius,

Der Dichter, oft uns seine Lieder las, —
Dort ragen des Theaters Säulen noch,
Wo in der Freunde edlem Kreis Terenz
Die Kunst Mänanders einst uns neu erschuf, —
Du winkst, und jene schöne Zeit ersteht
Vor deinem Blick aufs Neue —

     Gracchus.

         Und es steigt
Mit ihr ein Bild vor meinem Blick herauf —
Ein Bild Licinia —

Neunter Auftritt.

Vorige. Sempronia (die sich langsam bereits näherte und jetzt ihrem Bruder die Hand auf die Schulter legt).

    Sempronia.
      Cajus!
   Gracchus (erschrickt).
     Ha, Sempronia!
    Sempronia.

Erschrickst du an dem Anblick deiner Schwester?

   Gracchus (sehr erregt).

Sieh, sieh Licinia — da ist das Bild —
Sein Auge, sieh — und seine blasse Wange —

    Sempronia.

O wende vom Vergangenen den Blick
Nun auf die Gegenwart, und höre, was
Wir dir zu künden haben.

   Gracchus (kaum auf sie hörend).

     Hier, hier setzt

Euch nieder — kommt — erzählen muſſ ich's euch —
Jetzt wird mir's Troſt gewähren — wie er ſtarb —
Die Mutter iſt entfernt, — zum erſtenmal
Fühl' ich den Drang, den Muth, es mitzutheilen.

Sempronia (für ſich).

Nun Mutter, ahnt' ich recht?

Gracchus.

Euch iſt bekannt,
Daſſ der Senat von Rom, die zweite Wahl
Tiber's zum Volkstribunen zu verhindern,
Jedwedes Mittel aufbot. Dennoch fand
Am Tag der Wahl die Bürgerſchaft von Rom
In ſolcher Menge ſich am Forum ein,
Daſſ kaum das hohe Thor am Capitol
Den Senatoren, die mit großer Zahl
Von Freunden, Dienern und Clienten dort
Zuſammenkamen, frei zum Eingang blieb.
Und als Tiber die Roſtra nun beſtieg,
Da trennte ſich der Nebel, der auf Rom
Bis dieſe Stunde dumpf gebreitet lag,
Daſſ von der Sonne Glanz umſtrahlt, ſein Haupt
Wie eines Gottes Antlitz leuchtete,
Und ſeine Worte rings die Tauſende
In frommer Andacht, lautlos, regungslos
Gefeſſelt hielten.

Sempronia.

O ich ſeh' ihn ſtehen,
Ich hör' ihn reden, den vortrefflichſten
Der Brüder!

Gracchus.

Als er dann, von Beifall nicht,

Von donnergleichem Zuruf, der den Markt
Nach allen Seiten widerhallen ließ,
Begleitet, niederstieg vom Rednerstuhl,
Als alle zu den Urnen, für die Wahl
Ihr Täfelchen zu zollen, eifernd vor
Sich drängten, als die Zählung dann vollbracht war,
Und schon der Herold seinen Namen laut
Verkündete, da flog mit einemmal
Das Thor des Capitoles krachend auf,
Und es begann ein Auftritt, wie er Rom
Seit des Tarquinius Unthat nicht geschändet.
Nicht Menschen, nein, Hyänen, Wölfen gleich,
So stürzten sich, bewehrt mit Allem, was
Der Zufall Jedem nur an Waffen darbot,
Die Senatoren wüthend auf das Volk,
Um die nach dem Gesetz vollführte Wahl
Durch Mord zu hindern. Was nicht floh, ward blind
Getödtet, Greise stürzten in das Blut
Erschlagner Enkel, Weiber, flehend um
Ihr Leben, sanken mit den Kindern auf
Dem Arm zu Boden! —

     Sempronia.
      Götter!
    Licinia.
       Halte ein!
     Sempronia.
Doch du? der Bruder?
     Gracchus.
      Muthig stieg Tiber
Zum Rednerstuhl, vor dessen Stufen ich
Mich mit den Freunden schnell zur Gegenwehr
Zusammendrängte, abermals hinauf

Und rief: „Faßt Muth, ihr Bürger, fliehet nicht!"
Schon aber sprang, das Auge blutig roth,
Gleichwie des Tigers, Scipio Nasica,
Der vor den Todtenrichtern jetzt die That
Bereuend büßt, zu ihm empor, und riß —
Da mich des Ansturms fürchterlicher Drang
Zu Boden warf —. ihn wild beim Haar hernieder,
Ein Knäuel wuthentbrannter Wölfe schloß
Sich um den Sinkenden zusammen — und —
Ein Leichnam nicht, ein Haufen blutiger
Gebeine lag zu meinen Füßen.

Sempronia.

Entsetzlich! O

Gracchus.

Starr, bewußtlos lag ich selbst,
Und als ich zu mir kam, war leer der Markt,
Der Mond beschien nur Leichen, Lachen Bluts,
Und Sclaven, die die Leiber der Erschlagnen
Zum Tiberufer schleppten. Heimlich stahl
Ich mich im Häuserschatten fort, ein Freund
Half mir des theuren Todten Ueberreste,
Im eignen blutgen Mantel schnell verhüllt,
Zum Mutterhause tragen.

Sempronia.

Weh, die Mutter!

Gracchus.

Noch war die fürchterliche Kunde nicht
Bis ins Gemach der armen Frau gedrungen,
Still flimmerte ihr Lämpchen noch, als wir
Vom Garten her uns scheu dem Hause nahten.

Sempronia.

Den Göttern Dank, daß diesem Auftritt sie
Mich ferngehalten!

Gracchus.

Preise sie, du hättest
Die Stunde nimmer überlebt. Denn als
Die arme Frau, vom Wehgeschrei der Diener,
Die uns mit Licht umgaben, hergelockt,
Aus ihrem Zimmer stürzte — sich, so war's —
Hier lag er auf den Stufen ausgestreckt,
Von denen roth sein Blut herniedertroff —
Dort stand der alte Länäs mit den Mägden —
Als sie den Sohn, den Liebling, blutbedeckt,
Ein Zerrbild grausen Mordes liegen sah,
Da warf sie sich mit einem Schrei, wie ihn
Mein Ohr von Menschenlippen nie gehört,
Auf den Erschlagnen nieder, und lag todt
Da, gleich ihm selbst.

Licinia.

Genug!

Gracchus.

Drei Tage lang
Kniet' ich an ihrem Lager — denn entrückt
Schien dem gebrochnen Leib der bange Geist —
Indeß die Freunde still den Todten dort
Begruben. Ja, drei Tage lag sie sprachlos,
Lag ich mit ihr. Zwei Marmorstatuen
Beschien der mitternächtge Mond, beschien
Die Mittagssonne. Endlich gab der Hades
Noch einmal seine sichre Beute frei,
Und wie sie ihre Schmerzen schweigend trug,
So schwor ich still bei mir, Rom und ihr selbst

Erſatz für den Gemordeten zu ſein,
Und dies Gelübde, glaubt mir, werd' ich halten.

Zehnter Auftritt.

Vorige. Cornelia, Servius.

Licinia.

Da naht die Mutter!

Sempronia (für ſich).

Servius mit ihr?

Gracchus.

O meine Mutter — Dank den Göttern, daß
Du lebſt, den Deinigen und Rom zum Segen!

Cornelia.

Das mögen ſie gewähren! — Nun, beutſt du
Die Hand zum Friedenswerk?

Gracchus.

Zum Friedenswerk?

Licinia (leiſe zu Cornelia).

Er weiß noch nichts, iſt fremder deinem Plan
Als je zuvor.

Gracchus.

Zu welchem Friedenswerk?

Cornelia.

Mag jener Krieger dort dir Antwort geben.
Sprich, Servius, was bringſt du uns für Kunde?

Servius.

Mein Feldherr Scipio, der mit dem Heer
Aus Spanien nach Rom jetzt heimgekehrt,

Verließ das Lager, deinem Wunsch gemäß,
Sich hier zur Unterredung einzufinden.

Gracchus.

Zur Unterredung? Scipio? Mit wem?
Wer rief ihn her?

Cornelia.

Vernimm ein Wort, mein Sohn.
Ich selbst berief ihn her, — (etwas leiser) und wenn du dort
Auf deine unglückselge Schwester blickst,
Die ihres Gatten Namen länger nicht
Entbehren darf, dann wirst du nicht mehr fragen,
Warum ich's that, — dann wirst du, eh du Roms
Und deines Bruder denkst, geliebter Sohn,
Mir unsers Hauses Ehre retten helfen.

Servius.

Dort sprengt mein Herr den Hügel schon herauf —
(ab, ihm entgegen.)

Sempronia (für sich).

Er kommt! —

Cornelia.

Mein Sohn —

Licinia.

O Cajus! —

Gracchus.

Ewge Götter,
Was soll ich thun?

Elfter Auftritt.

Vorige. Scipio, Servius.

(Cornelia geht Scipio entgegen und führt ihn zu Gracchus, beide betrachten sich mit höchster Spannung, dann fügt sie ihre Hände ineinander, was beide, obgleich mit einigem Widerstreben, stumm geschehen lassen, Licinia und Sempronia zeigen die höchste Theilnahme.)

Cornelia.

Ihr ewgen Götter droben, —
Auf dieses edle Samenkorn der Freundschaft,
Das ich in dieser Hände Bund gesät,
Strömt euren Segen nieder, daß daraus
Dem Vaterland der Frieden neu erblühe!

(Während der Gruppe fällt der Vorhang.)

Dritter Aufzug.

Ebendaselbst.

Erster Auftritt.

Servius und Philokrates.

Servius.

Sind sie versöhnt? Was meinst du?

Philokrates.

Ich weiß nichts
Dazu zu sagen. Führtest du doch selbst
Sempronia mit reichem Dienertroß
Nach Rom zurück, als ob der Feldherr erst
Sich jetzt mit ihr vermählte.

Servius.

Ei, versteh
Mich recht: Ob Scipio mit dem Tribunen
Versöhnt ist, frag' ich.

Philokrates.

Siehst du dort am Fenster,
Am dritten Fenster dort, sie beide lehnen?
Schon eine volle Stunde stehen sie
Mit ernster Stirn einander gegenüber,
Vom bangen Blick der Mutter überwacht.

Servius.

Die Götter geben, daß sich der Tribun
Dem Feldherrn fügt, denn sein ist doch die Macht.

Philokrates.
Nicht Scipio's, die höchste Macht von Rom
Ist des Tribunen.
Servius.
Nun die Zeit wird lehren,
Wer mächtiger von beiden ist.
Philokrates.
Das hoff' ich.

Zweiter Auftritt.

Vorige. Syphax (scheu herbeischleichend).

Syphax.
Philokrates!
Philokrates.
Ha, Syphax! — Lebst du noch?
Wir glaubten dich im Teich ertrunken dort,
Seit Scipio hier angelangt.
Syphax.
Und schied
Er noch nicht wieder? Tief im Walde dort
Verbarg ich mich, mit Wolf und Adler lieber
Um Speis' und Obdach kämpfend, eh ich hier
Mit diesem Scipio nur eine Luft
Einathmete.
Servius.
Dir ziemt es, frecher Sclav,
Den großen Scipio zu schmäh'n — ans Kreuz
Mit dir!
Philokrates.
Lass ihn gewähren, Freund! Er ist

Ein Punier, dem seines Volks Geschick
Das Herz zerfrißt! — Der Gattin deines Herrn
Bewies er feste Treue bis hieher.

Syphar.

Doch diese Treue galt nicht Scipio,
Noch eurem großen Rom, — der Götter Zorn
Vernichte beide!

Servius.

Soll der schnöde Knecht
Den Feldherrn mir ins Angesicht verhöhnen?
(legt die Hand ans Schwert.)
Syphar.

Glaubst du, daß deine Waffe mich erschreckt?
Aus königlichem Stamm bin ich entsprossen,
Der nie dem Kampfe feig den Rücken bot; —
Ich biete mit der nackten Faust dir Trotz.

Philokrates.

Vernimmst du nicht, daß ihm sein Elend ganz
Den Sinn verwirrte?

Servius.

Seine Tollheit nur
Erspart ihm die verdiente Züchtigung.

Philokrates (zu Syphar).

Du stammst aus königlichem Blut?

Syphar (mit Stolz).

Hasdrubal,
Karthagos Feldherr, war mein Vater!

Philokrates.

Was?
Du wärst der Sohn des Punierfürsten — du?

       Servius.
Wie wärst du denn allein dem Tod entkommen,
Den er mit Weib und Kind beim Untergang
Karthagos in den Flammen seiner Burg
Gefunden?
       Syphax.
         Ich entkam, bevor die Burg
Zusammenstürzte.
       Philokrates.
         So erzähl' es uns,
Wenn wir dir glauben sollen.
       Syphax.
         Euch ist kund,
Dass unsre Stadt, nachdem ins dritte Jahr
Den Heeren Roms sie muthig widerstanden,
Durch bübischen Verrath am Hafenthor
In eure Hände fiel.
       Servius.
         Bis auf die Burg,
Wo hinter tiefer Gräben Fluth ihr euch
Verschanztet.
       Syphax.
        Brennend liessen wir die Stadt,
Die Prachtpalläste, köstlichen Geräths
Und reicher Waaren jeder Zone voll
Zum Todeskampf uns werfend in die Burg.
Sechs Tag' und Nächte legte stürmend sich
Die Leiter an die Mauern, wüthete
Der Widder donnernd gegen Thurm und Thor:
Doch stand die Burg. — Gebrochnen Auges, Tod
In den Gebeinen, kämpften wir des Tags,

Um Nachts dann unter halbverwes'ten Leichen
Am faulenden Gerippt von Pferd und Hund
Zu nagen, bis uns Mann an Mann die Pest,
Der Hunger aufrieb. Wenig Zagende
Gehorchten dann der Römer Gnadenruf
Und wankten, schattengleich, zur Stadt hinab,
Indeß die Mehrzahl überm Grab der Väter,
Im Tempel, an der Götterbilder Fuß
Sich selbst das Leben nahm. Der Kinder Noth
Nicht länger mehr ertragend, zog auch mich
Der Vater hastig von den Stufen nieder,
Da aber riß der zarten Schwestern Paar
Die Mutter wild zum Thurmesrande vor,
Den schon die Gluth umleckte: „Schande dem,
Der seines theuren Vaterlandes Sturz
Noch überleben mag!" — so rief sie wild,
Und tief in ihres Purpurmantels Falten
Das Haupt verhüllend, beide Kinder fest
Ans Herz geschlossen, warf sie sich hinab
Ins Grab der Flammen.

     Servius.
      Schaudernd sahen wir's
Vom Kampf abstehend.
     Philokrates.
      Doch dein Vater? Du?
     Syphar.
Ein Wurfspieß streckt' ihn mir zu Füßen nieder,
Als sich die Mutter niederwarf vom Thurm.
Da — seinem Leichnam rasch das Schwert entreißend —
Stürzt' ich verzweifelnd vorwärts, wo zu Roß
Der Römerfeldherr hielt. Voll Todesdurst
Trennt' ich der Feinde Reihen, die, gebannt

Von blutger Schaulust, solcher Wagethat
Sich nicht versahen, — fiel des Römers Roß
Schon in die Zügel, das, sich bäumend, mir
Des Reiters Hüfte bot, — da schmetterte
Ein Keulenschlag von hinten mich zu Boden.
Servius.
Du warst's, der jene freche That gewagt?
Syphar.
Als ich erwachte, war es Nacht umher,
Die Stadt lag unter mir in rother Gluth, —
An einer hohen Säule seitwärts lehnte
Ein Krieger düster sinnend — Scipio war's,
Der Widerschein der Flammen zuckte roth
Auf seinem Helm — und silberne Gefäße,
Zerschlagne Marmorbilder, purpurne
Gewänder, all der königliche Schmuck
Der Hallen meiner Väter, rings umher
Lag er als grauser Schutt, von Rosseshufen
Zertreten, ausgestreut! — Da mochte wohl
In ihm ein schmerzliches Bewusstsein des
Was er gethan, erwachen, denn er rief
Voll düstrer Ahnung: „Kommen wird der Tag,
Wo auch die heilge Troja sinkt in Staub,
Held Priam und sein speerberühmtes Volk!"
Philokrates.
— Dort naht die Herrin! —
Syphar.
Sagt mir, weilt Sempronia
Noch hier in Antrum?
Philokrates.
Nein. Freund Servius

Geleitete sie längst nach Rom zurück
Ins Haus des Feldherrn.

Syphax.

So lebt wohl.
(ab.)

Philokrates.

Wohin?

Servius.

Die Frauen nahen, laß uns seitwärts treten.
(Beide ab.)

Dritter Auftritt.

Cornelia und Licinia (aus dem Hause).

Licinia.

Du zweifelst, Mutter? Sieh das edle Paar
Dort nahen, und bekenne, diese trennt
Kein Groll mehr.

Cornelia.

Doch befiel mich schwere Sorge,
Seit ich am Fenster dort sie stehen sah.
Bemerktest du, wie ihre Rede schnell
Zum Flüstertone sank, sobald ich nahte?
Ihr Götter, weckt ihr Herz! Laßt nicht die Stunde
Umsonst gekommen sein!

Licinia.

Hier sind sie schon.

Cornelia.

Komm noch hinweg, mein Kind, bis mir die Fassung
Zurückkehrt, die mir Zweifel jetzt noch raubt.
(Beide ab.)

Vierter Auftritt.

Scipio und Gracchus (aus dem Hause).

Scipio.
Lies in der Frauen Blicken bange Sorge
Um unsres Zwiegesprächs Erfolg! — Betrügen
Wir sie noch länger mit dem Schein der Eintracht?

Gracchus.
Lass du den Schein zur Wahrheit werden.

Scipio.
         Gieb
Du das Gesetz der Ackertheilung auf.

Gracchus.
Mein Leben eher.

Scipio.
      Doch mein eignes Leben
Setz' ich daran es zu verhindern.

Gracchus.
         So
Ist unsre Unterredung denn zu Ende.

Scipio.
Und unsers Lebens Ende nicht mehr fern.

Gracchus.
Dir gilt, so scheints, das Leben mehr, als Rom.

Scipio.
Sagst du dem Sieger von Karthago das?

Gracchus.
Wär' er doch auch der Sieger seiner selbst.

Scipio.
Dir selber wünscht' ich diesen größern Ruhm.

Gracchus.

Mein Ruhm sei, diesen Sieg dir nicht zu lassen.

Scipio.

Nicht mir, dem Rechte aber laß den Sieg.
Im Namen des Senates geb' ich dir
Die Zustimmung zu allen den Gesetzen,
Die du dem Volk verliehen, wurde gleich
Dadurch manch Vorrecht der Patricier
Verletzt, das durch der Zeiten Dauer fast
Sich Unantastbarkeit errungen, — nur
Der Ackertheilung unglückseligem
Gesetz versag' ich sie, weil es dem Staat
Verderben bringen würde.

Gracchus.

Nur durch dies
Gesetz ist Rom vom Untergang zu retten,
Durch dies Gesetz nur vor der Armuth Plage
Und sittlicher Verderbniß zu bewahren.
Mein Bruder soll vergebens nicht dafür
Gestorben sein.

Scipio.

Ist dies dein letztes Wort?

Gracchus.

Es ist's! —

Scipio

Du trotzest auf die Macht des Volks, —
Doch hüte dich, daß du, dem Bruder gleich
Nicht einst noch endest! —

Gracchus.

Glaubst du sicherer

Aufs Heer zu trotzen? Nimm den Schwur von mir:
Du mordest keinen Gracchus mehr!

Fünfter Auftritt.

Vorige. Cornelia, Licinia.

Cornelia.

Nein, nein,
Geliebte Söhne, länger trag' ichs nicht,
Lasst endlich eures Bundes nun auch mich
Theilhaftig werden! — Redet, blüht der Staat
Des Numa noch in seiner alten Größe?

Scipio.

Und blühen wird er, ja, so lange noch
Solch edle Frauen seine Söhne lenken,
Spielt auch mit unserm Staube längst die Luft!

Gracchus.

Dass er in Jugendkraft und seinen Feinden
Zum Schrecken, größer, *freier* sich erhebe,
Dazu ertheile deinen Segen mir
In dieser Stunde, Mutter!

Cornelia.

Ja, ihr seid
Versöhnt, — der Augen feuervoller Blick,
Und eurer Worte hochgehobner Klang,
Sie zeugen mir, dass meinem Flehen sich
Die ewgen Götter gnadenvoll geneigt,
Dass Rom gerettet ist! — So zieh denn hin,
Du edles Paar, den bangen Völkern Roms
Den Frieden zu verkünden! — Aber du
Licinia, folge mir, im Tempel dort

Den ewgen Göttern Opfer anzuzünden,
Dass sie erhört mein innigstes Gebet!
(ab mit Licinia.)

Scipio.

Kannst du das hören, ohne dass das Mark
In den Gebeinen dir erbebt?

Gracchus.

Ich bebe,
Dich unbewegt zu sehen.

Scipio.

Einmal noch
Beschwör' ich dich, doch jetzt zum letztenmal:
Gieb das Gesetz der Ackertheilung auf.

Gracchus.

Zum letztenmal erwiedr' ich dir: Mein Leben
Geb' ich für das Gesetz.

Scipio.

So kommen denn
Die Folgen dieser Stunde über dich.

Gracchus.

Die ew'gen Götter, Zeugen dieser Stunde,
Ruf' ich zu Richtern zwischen mir und dir.

Scipio.

He Servius — mein Ross!
(geht ab.)

Gracchus.

Philokrates!
(Philokrates kommt.)

Philokrates.

Herr, was befiehlst du?

Gracchus.

Auf, nach Rom! Und lass

Das Volk auf morgen früh zum Markt berufen; —
Ich werde das Gesetz der Ackertheilung
Zum Vorschlag bringen. Fort!
    Philokrates.
        Ich fliege Herr.
   (Beide ab.)

Sechster Auftritt.

Rom, Zimmer im Hause Scipio's.

Sempronia (allein, bald darauf) Syphax.

    Sempronia.

Du wirst sie nimmermehr versöhnen, Mutter!
Ich sah trotz ihrer festverschlungnen Hände
Und heitern Mienen beider Männer Herz
In tiefem Haß entfremdet! — Gracchenblut
Und Scipionenblut vereint sich nie!
Doch wehe mir, daß ich mit solchem Sinn
Des Gatten hier in diesen Räumen harre!
 (Sie thut gedankenvoll einige Schritte, Syphax tritt unbemerkt ein.)
— Welch Elend gleicht sich unterm Monde dem,
Vereint zu sein für seines Lebens Dauer
Mit einem Wesen, das man haßt?
    Syphax (halb für sich).
        Nur das,
Ein Wesen, das man liebt, auf ewig sich
Versagt zu sehen.
    Sempronia (erschrickt).
     Ha, wer spricht da?
    Syphax.
         Syphax,
Verehrte Herrin.

Sempronia.

Warum schleichst du hier umher?

Syphar.

Ich komme, dich zum letztenmal zu sehen.

Sempronia.

Zum letztenmal? Warum?

Syphar.

Noch heute Nacht
Entflieh' ich nach Karthago, auf dem Grab
Des Vaters selber mir den Tod zu geben.

(Pause.)

Sempronia.

Zieh hin! —

Syphar.

Ist dir's so gleich, o Herrin, daß
Ich gehe? Daß ich sterbe?

Sempronia.

Sprich: Warum
Entfliehst du?

Syphar.

Kannst du fragen, Herrin, nun
Du wieder unter diesem Dach verweilst?

Sempronia (für sich).

Der Unglückselge!

Syphar.

O Sempronia!
Dein sanfter Sinn, der mit dem Sclaven selbst
Dich Mitleid fühlen lehrt, ein schönes Erbtheil
Im Haus der Gracchen, ja, er giebt mir jetzt
Wo ich auf ewig scheide, noch den Muth,
Dir zu gestehen —

Sempronia.
Schweig, vollende nicht! —

Syphax (nach kurzer Pause).
— Ich schweige. — Meiner Abkunft eingedenk,
Spräch' ich wohl heiße Wünsche aus: — Erstickt
Sei Alles hier im Herzen; — ja, mir sei
Das tröstende Bekenntniß selbst verwehrt,
Daß ich, der Vater, Brüder, Reich und Heimath
Verlor, allein nur dadurch elend ward,
Daß ich mein Herz vor Mitgefühl mit dir,
Du unglückselge Römerin, nicht wahrte.

Sempronia.
Unglücklicher, was zögerst du? Hinweg!

Syphax.
Unglücklich bin ich — doch, du bist es auch!
Du bist mit deinem Gatten nicht versöhnt!
So wenig wie dein Bruder! — Scipio —
Wen liebte Scipio? Was gilt ihm Weib
Und Freund und Alles neben Rom? Wie er
Den ältern Bruder dir erschlug, wird er
Den jüngern auch, wird er dich selbst ermorden —
(Trompetenstoß draußen.)
Da horch, er kommt!

Sempronia.
Ihr Götter!

Syphax.
Nun, Sempronia,
Ists Freude, was dich so erbleichen macht?
Kein Weib der Erde neidet dich, Sempronia,
Um dieses Wiedersehen! — Lebewohl —
(heimlich, während das Zimmer sich mehr und mehr verfinstert.)

— Und höre, Herrin — noch entflieh' ich nicht —
Im Garten drunten werd' ich diese Nacht
Noch im Gebüsche lauschen —
Sempronia.
Geh — entflieh —
Syphar.
Nur eines Winks bedarfs aus deinem Fenster —
Sempronia.
Hinweg —
Syphar.
— Und helfend steh' ich dir zur Seite,
Bin dein zu jedem Dienst, bis in den Tod,
Du edles, schönes, unglückselges Weib!
(ab.)
Sempronia (allein).
Hinweg! — Er kommt — jetzt kann ich nimmer ihm
Begegnen! — Aber wie entflieh' ich ihm?
Und wo verberg' ich mich? — Ha, dort der Vorhang —
Der zum Altane führt — Schnell, eh er kommt!
(sie verbirgt sich hinter dem Vorhange, welcher die Thür zu dem Altan verdeckt.)

Siebenter Auftritt.

Der Consul, Scipio, Scävola, Servius.
Consul.
So sage, was beschließest du zu thun?
Scipio.
Geh, Servius, besorg' uns Wein!
(Servius ab.)
Beim Stix!
Die Mühsal dieses einen Tags erschöpfte
Mir Geist und Körper mehr als eine Schlacht.

Consul.

Das Heer zur Stadt zu führen zögerst du
Auch jetzt noch?

Scipio.

Da uns die Parthei des Gegners
In vollster Kraft noch gegenübersteht,
Daß wir mit vieler Römer Leben nur
Den Sieg erkaufen würden, zögr' ich noch.
Doch hört, was ich beschlossen. Der Tribun
Wird morgen das Gesetz der Ackertheilung
Beim Volk zum Vorschlag bringen.

Scävola.

Das Gesetz,
Was euch getrennt? —

Scipio.

Im Namen des Senats
Schlag' ich am Markt das nämliche Gesetz
Nun vor —

(Servius kommt mit Wein, gießt in Becher ein, sie trinken.)

Consul.

Du?

Scipio.

Ich, — erhöhe den Betrag
An Land für jeden Bürger zur Vertheilung,
Und alle Stimmen sind mir sicher. Dann
Laß' ich Triumvirn wählen, meinen Vorschlag
Zur Ausführung zu bringen, unter ihnen
Mich selbst, und das Gesetz tritt nimmermehr
Ins Leben. Denn, wie vieler Acker ward
Verbessert, kam in andre Hand, verfiel
Als Pfand; — dies Alles zu erörtern, gar

Den Mehrbesitz zu sondern, fordert Zeit,
Und Zeit nur brauchen wir, um unsern Gegner
Mit Sicherheit zu stürzen.

Consul.

— Ha, der Plan
Ist gut —

Scävola.

Ist trefflich! —

Scipio.

Hört mich weiter erst.
Die oberste Gewalt im Staate Roms
Uns wieder zu erobern, bieten wir
Dem Volk auf jedes nützliche Gesetz,
Das er ihm vorschlägt, gleich ein anderes,
Das jenen Nutzen doppelt ihm gewährt,
Und wenn das Volk, das dem nur folgt, der ihm
Das Meiste bietet, so gewonnen ist,
Dann — treff' ihn der verdiente Tod, wie einst
Den Bruder!

Consul.

Ja, so sei's!

Scävola.

Du bist gleich groß
Im Rathe, Scipio, wie im Feld der Schlacht.

Scipio.

Lasst drum der nächsten Tage Schicksal euch
Den Schlaf nicht weiter stören.

Consul.

Was verblieb'
Uns noch für Sorge, da du wachst?

Scipio.

Doch nun —
Noch einen Becher, Freunde.

Consul.

Nein, wir scheiden.
Denn du bedarfst der Ruhe. Gute Nacht.

Scipio.

So lebt denn wohl. Dich, Scävola, führt wohl
Dein Weg zum Forum morgen hier vorbei.

Scävola.

Ich spreche bei dir vor.

Consul.

Ich komme mit ihm.
Wir holen beide dich zum Forum ab.

Scipio.

Nun gut denn, ich erwart' euch.
(Consul und Scävola ab.)

Scipio.

Servius,
Du kehrst zum Heer zurück.

Servius.

Noch heute, Herr?

Scipio.

Sogleich, — und trägst dem Lucius Pella auf,
Dass er sich bis auf weiteren Befehl
Im Lager ruhig halte. (Servius will gehen). Setze mir
Zuvor noch einen Becher dieses Weins
Aufs Tischchen drinnen in mein Schlafgemach.
(Servius füllt einen Becher und geht ins Nebenzimmer).
— s'ist Massiker, der linden Schlaf verleiht —
Nach Mitternacht werd' ich erwachen, — dann

Entwerf' ich meinen Vortrag noch ans Volk
Auf morgen früh — (ins Nebenzimmer rufend:) Auch Griffel und
Tabellen
Leg mir aufs Tischchen! —
(Er macht gedankenvoll einige Schritte, Servius kommt zurück und betrachtet ihn
einige Augenblicke schweigend).
Servius.
Herr, gestattest du
Mir eine Frage?
Scipio.
Nun?
Servius.
Willst du nicht noch
Die Herrin grüßen?
Scipio.
Nein! — Wo ist sie?
Servius.
Dort
In ihrem Zimmer.
Scipio.
Du geleitetest
Sie doch, wie ich befahl, mit allem Glanz
Hieher?
Servius.
Und schärfte auch den Dienern ein —
Scipio.
Schon gut, du magst nun gehen.
(Servius ab.)
Gäb' es eins,
Die Ruhe mir für heute und die Kraft
Auf morgen mir zu rauben, wär' es dies.
Sie sehen, nun ich ihres Bruders Tod

Beschlossen, während sie versöhnt uns wähnt?
(Er thut wieder gedankenvoll einige Schritte.)
Wie schwül die Luft in diesem Zimmer ist! —
Ein Blick noch in die kühle Nacht hinaus,
Dort vom Altan, beruhige mein Blut,
Bevor ich mich zum Schlummer niederlege.
(Er hebt den Vorhang auf, um auf den Altan zu treten, Sempronia wird sichtbar.)

Achter Auftritt.

Scipio, Sempronia.

Scipio.

Du hier, Sempronia?

Sempronia (kalt).
Ja.

Scipio.
Was suchtest du
Hier noch so spät?

Sempronia.
Was du hier suchtest, Kühlung.

Scipio.
Schon längst glaubt' ich zur Ruhe dich gegangen.

Sempronia.
Zur Ruhe, mich?

Scipio.
So hast du meiner hier
Gewartet?

Sempronia.
Nein.

Scipio.
Vernahmst du, wer bei mir
Verweilte?

Sempronia.

Diese Stimmen kenn' ich wohl.

Scipio.

Und dennoch bliebst du lauschend dort verborgen?

Sempronia.

Ja, den Verrath belauschend.

Scipio.

Ziemte das
Der Gattin Scipio's?

Sempronia.

Ziemt' es ihm selbst,
Sich gegen Rom hier heimlich zu verschwören.

Scipio (strenge).

Sempronia, der thörichten Gewohnheit
Anhängend dir noch aus dem Mutterhaus,
Dich gar zu eifrig um der Männer Thun
Zu kümmern, wirst du endlich dich entwöhnen.
Was geht dich Rom, das Forum an? Laß mich
Dir wiederholen: Dieses Hauses Heerd
Umschreibt die ganze Summe deiner Pflichten.

Sempronia.

Und heißt mich diese Pflicht noch Hilfe leihen
Zum Mord des Bruders?

Scipio.

Hör' mich ruhig aus.
Ich will nicht dessen mehr gedenken, was
Uns diese Zeit getrennt. Doch herrsche Klarheit
In Zukunft zwischen uns, damit du nicht
Zu neuer Täuschung dieses Haus betretest.

Sempronia.
Wohl täuscht' ich mich, als ich, auf Liebe hoffend,
Es einst betrat.
Scipio.
Als du, statt eines Gecken
Hier einen Römer fandest.
Sempronia.
Einen Römer,
Doch keinen Menschen.
Scipio.
Wie dem sei: Du wirst
Dies Haus nicht mehr verlassen.
Sempronia.
Wie?!
Scipio.
Du wirst,
So lange dieser Zwiespalt Rom bewegt,
Der deinen Bruder dem Senat von Rom
In heftgem Kampf noch gegenüber stellt,
Vergessen selbst, daß dir ein Bruder lebt.
Mehr laß mich heute dir nicht sagen. — Und
Nun laß uns scheiden. — Wo sind deine Frauen?
Sempronia.
Du glaubst — ihr Götter! — Daß mich dieses Dach
Noch einen einzgen Augenblick mit dir
Gemeinsam bergen soll?
Scipio.
Ich glaube, daß
Du mir gehorchen wirst.
Sempronia (außer sich).
Abscheulicher,
Ich hasse dich! —

Scipio (kalt).

Nicht Liebe fordr' ich mehr
Von dir, Sempronia.

Sempronia.

O ich beneide
Das ärmste Bettlerweib, die ohne Schaudern
Dem Gatten noch ins Auge blicken kann.

Scipio (noch kälter).

Um meines Hauses Ehre nur, aus Scheu
Der Götter, die einst unsern Bund geweiht,
Zoll' ich dir meiner Gattin Ehren noch,
Die dir mein Herz verweigern muß.

Sempronia (sich plötzlich fassend).

Du zwingst
Mich also — wiederhol' es mir — du zwingst
Mich, diese Nacht in diesem Hause noch
Mit dir zu weilen?

Scipio.

Ja, und niemals mehr
Es zu verlassen, als mit meinem Willen.
(Er klingelt.)

Sempronia.

Wohlan. Ich füge mich.
(Zwei Frauen erscheinen.)

Scipio.

Führt eure Herrin
In ihr Gemach! — (Sehr förmlich) Der Gott des Schlummers
schenke
Dir ungestörte Ruhe! —

Sempronia (eben so).

Wie auch dir.
(Alle zu verschiedenen Seiten ab.)

Vierter Aufzug.

Gracchus' Wohnung in Rom.

Erster Auftritt.

Gracchus (an einem Tische mit Schriften), Philokrates.
Ein alter Diener

Gracchus.

Nein, ich will Niemand sehen! — Heiß sie beide
Sich auf dem Zimmer halten. Weiberrath
Verdirbt nur unser Werk.

Philokrates.

Cornelia nur
Ist heimgekommen, Herr, — Licinia blieb
In Antrum —

Gracchus.

Dann zurück auch mit der Mutter
Nach Antrum, wo sie hätte bleiben sollen!
Geh Länas, führe ohne Säumen sie
Dorthin zurück.

(Der alte Diener geht ab.)

Nun fahre fort.

Philokrates.

Nur das
Noch wisse, Herr, daß ich die fremden Bürger
Schon vorher insgeheim zur Wahl beschied,

Und dass sie alle, durch berittne Boten
Herbeigerufen, jetzt den Thoren Roms
Zuströmen, heute für dich mitzustimmen.
Ja Gracchus heißt die Losung, die die Völker
Von ganz Italien jetzt zu Brüdern macht!
Gracchus.
Und Scipio blieb ruhig über Nacht
Im Lager stehen?
Philokrates.
Und auch jetzt noch regt
Sich nichts im Heer, so melden meine Späher.
Gracchus.
Triumph! Er traut der eignen Kraft nicht mehr!
Der Sieger von Karthago und Numantia
Er wagt den Kampf nicht gegen uns, Triumph!
Philokrates.
Herr, glaube mir, 's ist aus mit ihm, — mit ihm
Und dem Senat, — du, du bist Herr von Rom,
Ja, Herr der ganzen Welt!

Zweiter Auftritt.

Vorige. Cornelia.

Cornelia.

Mein Sohn, ich komme —
Gracchus.
Geliebte Mutter, eine Bitte weigre
Mir nicht: Geh heim nach Antrum!
Cornelia.
Um dorthin

Zurückzukehren, siehst du jetzt mich hier,
Nur, um dir Lebewohl zu sagen.
Gracchus.
Dort
Stell' ich mich bald mit einer Kunde ein,
Wie sie dein Ohr noch nie vernahm! — Doch jetzt:
Leb wohl!
Cornelia.
Mein Sohn — als ich mich hier von dir
Zum erstanmale trennte, achtetest
Du meiner Warnung nicht, des Bruders Pfad
Zu meiden —
Gracchus (ungeduldig).
Mutter! —
Cornelia.
Später täuschtest du
Mein hoffend Herz, als ich mit Scipio
Versöhnt dich wähnte, und ihr mehr euch nur
In Feindschaft trenntet: Heute, lieber Sohn,
Verbirgst du dich und dein Geschick vor mir
Nicht mehr.
Gracchus.
Nein Mutter! Denn ich stelle selbst
Es frei dir dar: Mein Loos ist jetzt erfüllt,
Ich steh' als Sieger, als Befreier Roms
Vor dir!
Cornelia.
Ich rufe: Wehe dir, mein Sohn!
Gracchus.
Wie?
Cornelia.
Dreimal wehe dir! Denn dein Verderben

Ist nahe! Schon umhüllten dir die Götter
Den Sinn mit jenem Selbstbetrug, der stets
Der Bote nahen Unterganges ist.

Gracchus.

Nun, bei den Göttern —

Cornelia (in fast prophetischem Tone).

Bis zum Untergang
Des Gegners soll sich nie Partheienkampf
Im Staate steigern; nur Vertrag allein
Nach ehrenvollem Siege sichert das
Errungne! — Glaubst du, daß du den Senat,
Die feste Säule, die den Staat von Rom
Seit seinem Ursprung stützte, ohne Kampf
Dem Joch des Volkes beugst? So lange Leben
In diesen stolzen Römern glüht, so lange
Ein Glied noch zuckt an diesem Scipio, werden
Sie dich bekämpfen.

Gracchus.

Jeder Kampf ist aus,
Zu Ende jegliche Gefahr, so laß
Auch Sorg' und Klagen nun zu Ende sein.

Cornelia (ruhig, resignirt).

Leb wohl, mein Sohn! — Ich sehe, daß mein Rath
An deinem Ohr verhallt, daß dein Geschick
Erfüllt ist! — Lebe wohl! — Zum letztenmal
— Ich weiß — umfaß ich diese Hand! —

Gracchus.

Du gehst
Von mir, dem mächtigsten der Bürger Roms,
Gleichwie von einem Sterbenden?

Cornelia.

Du bist
Ein Sterbender.
(ab.)

Gracchus.

Und wenn die Parze selbst
Mit diesem Unheilsspruch mir nahte: Wer
Erschüttert meine Macht, mein Glück?

Philokrates.

Vergieb
Der bangen Mutter, der das Loos Tiber's
Noch stets vor Augen schwebt.

Gracchus.

Ein Sterbender?
Ich, Mutter? Der in Rom, im ganzen Umkreis
Der Völker, die das Mittelmeer umwohnen,
Ein neues Leben zu erwecken kommt?
In dessen Leben sich das Lebensglück
Von Millionen Bürgern jetzt verkörpert?
Was kann mich schrecken, welche Macht der Welt?
Die Söldnerschaaren Scipio's? Ein Heer
Ersteht für mich in jeder Tribus Roms,
Sobald am Forum die Trompete tönt. —

Philokrates.

Ja, Herr, und wäre jeder Mann im Heer
Ein Scipio, wir schlügen sie zu Trümmern,
Käm' es zum Kampf! —

Gracchus.

Er selber, Scipio,
Und jene stolzen Optimaten, die
Die Saat jetzt ernten, die sie einst gesät,

Sie, sie sind Sterbende! — Philokrates,
Lass dir vertrauen — des Senates Macht
Brech' ich in Zukunft ganz —

Philokrates.

O alles, Herr,
Muss dir gelingen!

Gracchus.

Einem Herrscher nur
Soll Rom gehorchen, mir allein, und doch
Soll jeder Römer frei und glücklich sein!

Dritter Auftritt.

Vorige. Sempronia (blass und verstört).

Sempronia.

Wo ist die Mutter?

Gracchus.

Ha, Sempronia?
Und so allein —?

Sempronia (dringender).

Wo ist die Mutter?

Gracchus.

Heim
Nach Antrum kehrte sie.

Sempronia.

Sie weilt nicht mehr
In Rom? — Ihr Götter!

Gracchus.

Das erschreckt dich?

Sempronia.
(sich verwirrt bald an Gracchus, bald an Philokrates wendend).

Ist's

Schon lange, daß sie schied? Ist nicht ihr Wagen
Noch einzuholen?

Gracchus.

Willst du, daß —

Sempronia.

Geschwind,

Send' ihr den schnellsten deiner Diener nach, —
Philokrates — sie muß zurück zu mir —
Ich muß sie sprechen —

Philokrates.

Noch hat Länas, hoff' ich,

Das Stadtthor nicht erreicht.

Sempronia.

O eile!

(Philokrates ab.)

Gracchus.

Sprich,

Was hast du, Schwester?

Sempronia.

Cajus, Cajus, ich

Bin das unglücklichste Geschöpf der Erde!

(Sie wirft sich fassungslos an seine Brust.)

Gracchus.

Sempronia! Was geschah dir? — doch — mir sagt's
Die Ahnung —

Sempronia.

Schrecklich, o entsetzenvoll

Ist meine Lage!

Gracchus.

Du bist abermals

Aus deines Gatten Haus entflohen —

Sempronia.

Ja! —
Da, horch — vernahmst du da nicht Stimmen?

Gracchus.

Stimmen?

Sempronia.

Ich bin entflohen, ja — und kehre nie
Zu ihm zurück — nie wieder!

Gracchus.

Heil dir, Schwester,
Ob diesem Schritt, der dich von einem Band
Erlöste, das dich lebend schon dem Tod
Gesellte. Meinem Bruderherzen soll
Dich deine Flucht um so viel näher führen.
Doch kann der Tadel Roms, der Mutter Strenge,
Die dich vielleicht für diesen Schritt bedrohen,
Dich aller Fassung so berauben?

Sempronia.

Nein,
O nein, mein Bruder —

Gracchus.

Rede denn, was stürzt
Dich in Verzweiflung so? Du zitterst, wie
In Todesangst! —

Sempronia.

So wisse, daß er sich
Verschworen mit dem Consul, heute dich
Am Forum um das Ackertheilgesetz
Zu täuschen, Namens des Senats dem Volk
Es vorzuschlagen, das ihn zum Vollstrecker
Dann wählen sollte —

Gracchus.

Ins Leben trete? —
Ha, damit es nie

Sempronia.

Nie! Und wenn sie dir
Des Volkes Gunst geraubt, dich zu ermorden!

Gracchus.

Was?! —

Sempronia.

Alles hört' ich — hinterm Vorhang stand ich —
O Bruder, du ermissest nicht, wie schwarz
Es in der Seele dieses Scipio —
Sprich, sollte da mein Herz sich nicht in Haß
Empören gegen ihn? Nicht Todesangst
Um dich —

(Lärm verworrener Stimmen draußen.)
(Philokrates tritt rasch wieder ein).

Sempronia.

Ha, wer kommt da?

Gracchus.

— Philokrates —
Erschrickst du doch, als ob dir ein Gespenst
Erschien!

Philokrates.

Ein Haufen Bürger, Herr, bringt ungestüm
Ins Haus! —

Sempronia (für sich).

Sie sind's, sie sind's!

Gracchus.

Ein Haufen Bürger?
Was wollen sie?

Philokrates.

Sie rufen Scipio's Namen
Und deinen, Herr —
(größerer Tumult braußen.)

Sempronia (für sich).

O daß die Erde mich
Verschlänge!

Vierter Auftritt.

Vorige. Labeo, (bald darauf) der Consul, Scävola, Syphax (durch Lictoren geführt), Volk.

Labeo.

Herr, der Consul naht dem Hause
Mit den Lictoren —

Gracchus.

Was bedeutet das?

Labeo.

Mir graut, es auszusprechen —

Consul (mit Gefolge auftretend).

Römer, bleibt
Zurück, denn diese Scen' ist nicht für Zeugen,
Die menschlich fühlen.

Gracchus.

Consul, was besagt
Dein Nahen?

Consul.
(Sempronia betrachtend, welche während dieses ganzen Auftrittes unbeweglich,
einer Statue gleich, steht).

Ha, da ist sie! — Und ein Blick
In dieses bleiche Angesicht genügt,
Um jeden Zweifel zu beseitigen.

Gracchus (sehr heftig).

Bei allen Göttern — was geschah?

Consul.

Dir sagt's
Der Anblick dieses Weibes nicht, daß ich
Als Rächer ihren Fersen folge? Nicht
Der Aufruhr in den Straßen, daß dein Dach
Das blutigste Verbrechen birgt, was je
Die Sonne sah?

Gracchus.

Verbrechen? Laß mich's wissen —
In einem Worte — was ich hören soll.

Consul.

Wohlan, — und blicke mir ins Auge, fest
Wie jetzt, wenn ich dir sage: Scipio ward
In dieser Nacht ermordet!

Gracchus

Scipio?!
(leise zu Sempronia, welche zusammenfährt, sich aber sogleich wieder faßt und in ihrer Stellung verharrt).

Sempronia — Entsetzen! —

Consul (Sempronia scharf ins Auge fassend).

Seht ihr's Römer?
So redet nur die Schuld!

Gracchus (sich schnell fassend).

Sprich, wann und wie
Geschah die That?

Consul.

Als ich so eben jetzt
Sein Haus betrat, zum Markt ihn zu begleiten,
Sah' ich sein Weib dort bleichen Angesichts
Zurück vom Fenster stürzen, und im Hof

Den Sclaven sich die blutgen Hände waschen,
Drang, grauser Ahnung voll, den Stufengang
Hinauf in Scipio's Schlafgemach, und o!
Mein Fuß stieß an des edlen Römers Stirn,
Der blutend, in zerrissnem Nachtgewand,
Vor seinem Lager todt am Boden lag.
Scävola.
Ein Anblick des Entsetzens und der Schmach!
Consul.
An dem Geräth des Zimmers zeigten sich
Die Spuren eines fürchterlichen Kampfes.
Zertrümmert lag der Tisch, deß einen Fuß
Des Todten Faust noch hielt, das Bettgewand
Lag blutgetränkt verstreut im Zimmer, und
Des edlen Helden Angesicht, der Thron
Der höchsten Manneswürde, das im Kampf
Den Feigen selbst mit Heldenmuth erfüllte,
Von Zorn und Schmerz bis zur Unkenntlichkeit
Verzerrt, lag es am Boden.
Syphar (für sich).
     Wie das Haupt
Tiber's und meines Vaters einst.
Consul.
      Mein Rufen
Versammelte das Haus, die Nachbarschaft
Bald um den Ort der That, nur sie, die doch
In ihm sich selbst verlor, sie, seine Gattin,
Nur sie blieb fern, und als die Kunde kam,
Sie sei entflohen, stand es schaudernd fest
In Aller Glauben, was ihr Schweigen jetzt
Bestätigt.

Gracchus (mit Ruhe).

Schwester, tritt auf kurze Zeit
In das Gemach der Mutter dort, — du sollst
Nicht länger Zeuge dieses Auftritts sein!
(Da Sempronia unbeweglich steht, dringender)
Geh Schwester, geh! (rasch zu Philokrates) Philokrates, geleite
Sie dort ins Zimmer.

Consul.

Halt! — Sie geht nicht mehr
Von hinnen! —

Gracchus.
Wie?

Consul.

Schon harrt der Prätor ihrer,
Die ich als ihres Gatten Mörderin
Verklage.

Gracchus.
Wie? du wagst es?

Consul.

Sie befahl
Die That, zu der der schnöde Sclav' ihr dort
Die Hand nur lieh.

Syphar.

Die Schuld ist mein allein,
Und vor ganz Rom berühm' ich mich der That.

Consul.

Bald klärt sich vor des Richters strengem Blick
Das Dunkel auf, das diesen Mord noch deckt.
Dich, den Tribunen, des Gesetzes Wächter,
Dich selber ruf' ich auf, mir das Gesetz
Hier streng vollziehn zu helfen, das der Schwester,

Ist sie so frei von Schuld, wie Jener sagt,
Nur zum Triumph gereichen kann.
Gracchus.
Gemach!
Kraft meines Amtes als Tribun verbiet'
Ich dir in dieser Sache jeden Schritt.
Und wäre sie der Unthat überführt,
Hier leg' ich schützend meine Hand auf sie,
Wer wagt es, ihr zu nahen?
Consul.
Römer, wollt
Ihr mehr zum Eingeständniß noch?
Gracchus.
Droht ihr
Mir mit dem Richter, ihr, die ihr mir einst
Den Bruder ungestraft am Markt erschlugt?
Auf's Forum ruf' ich euch, dort, vor dem Volk,
Das jetzt ob beider Thaten richten mag,
Dort klagt mich an, dort will ich Red' euch stehen!
Consul.
Genug hab' ich gehört — Lictoren, folgt mir!
(Der Consul, Scävola, die Lictoren und das Volk ab.)
Philokrates.
Herr, eile selbst zum Forum, ehe man
Dir dort die Bürger irre macht —
Gracchus.
Zuvor
Bringt diese Arme noch in Sicherheit.
Sempronia, folge ihnen — sammle dich,
Unglückliche! — So muß ich selbst denn
(will sie fortführen.)

Sempronia (zurückweichend).
                    Mutter,
Wo bist du? Hilf mir, Mutter!
            Gracchus.
                    Thörichte,
Du schreckst vor mir zurück?
            Sempronia.
                    Hinweg von mir!
            Gracchus.
Was ist ihr? — Götter, sollte schon ihr Geist —?
            Philokrates.
Herr, lass mich ihr die Frauen rufen —
            Syphar.
                    Mich
O Herr, lass ihr zur Obhut hier zurück,
Und eile selber ungesäumt zum Forum!

Fünfter Auftritt.

Vorige. Licinia (eilig).

            Licinia.
O Cajus, was erlebt' ich?
            Gracchus.
                Ha, auch du?
Was führt dich heim nach Rom? Was willst du hier?
            Licinia.
Kaum fass' ich mich —
            Gracchus.
                Zurück mit dir nach Antrum!
Hier ist nicht deines Bleibens!
            Licinia.
                — Ist's denn wahr? —

— Vor Scipio's Thür hielt dichtes Volksgedränge
Den Wagen auf, und o ein Schreckenswort
Schlug an mein Ohr —
     Gracchus.
       Daß Scipio durch sein Weib
Ermordet wurde? Sieh dorthin, und frage
Nicht weiter!
     Licinia.
   Ihr Unsterblichen!
     Gracchus.
       Da du
Nun hier bist, hüte, tröste Jene dort,
Bis unsre Mutter heimkehrt — ich indeß
Eil' auf das Forum.
     Licinia.
     Bleib, o bleib! — Vernimm
Erst Alles, was ich sah. Im Capitol
Trat der Senat zusammen —
     Gracchus.
       Der Senat?
     Licinia.
In Waffen —
     Gracchus.
      Ha! sie wagen es? —
     Licinia.
      Der Leichnam
Ward ins Portal getragen, und es sprach
Ein Consular zum Volke heftge Worte,
Gab dir die Mordthat offen schuld —
     Philokrates.
       Da siehst
Du, Herr —

Labeo.
Zum Forum, Herr! —

Gracchus.
Sie wollen Kampf?
Gewährt sei euch der Wunsch, Verblendete!
Die Götter wollen, dass ich heute noch
Mein großes Werk vollenden soll! — Zum Forum!
(ab mit Philokrates und Labeo.)

Licinia.
Bleib, Cajus, bleib — du bist verloren! — Syphax,
Hilf mir ihn retten!

Syphax (der sich bisher um Sempronia bemühte).
Theure Herrin, hier
Ist Hülf' und Rettung nöthig — deinem Gatten
Steht Rom zur Seite —

Licinia.
Geb' es Jupiter!

Syphax.
Wer aber hilft der armen Kranken hier?
Sprich zu ihr, Herrin, — hilf sie fort mir führen —

Licinia (nähert sich Sempronia).
Sempronia —

Sempronia.
Zurück!

Licinia.
Ich bin es ja —
Licinia —

Sempronia.
Weg den Blick, — ich trag' ihn nicht!

Licinia.
Was ist ihr?

Sempronia.

Niemand, Niemand soll mir mehr
Ins Antlitz blicken —

Licinia.

Folg' uns dort ins Zimmer!
Du mußt uns folgen! —
(ergreift ihre Hand, um sie fortzuführen.)

Sempronia (reißt sich los).

Thut mir nicht Gewalt!

Licinia.

Ihr Götter, dieser Jammer hier, und draußen
Mein Gatte von Gefahr umdroht! —

Sechster Auftritt.

Vorige. Cornelia.

Sempronia.

Die Mutter!
(wirft sich in ihre Arme.)

Cornelia (sie an sich schließend).

Unglückliche!
(Beide bleiben in dieser Stellung bis zuletzt.)

Licinia.

O Mutter, ward dir schon
Verkündet, was hier vorfiel?

Cornelia.

Alles weiß ich.
(sich über Sempronia neigend.)

Du erstes Opfer für der Götter Zorn,
Der schreckenvoll sich über diesem Haus
Nun zu entladen anfängt! —

Licinia.

Mutter, Mutter!
Auch Cajus schwebt in tödtlicher Gefahr!

Cornelia.

Ich sah es wohl, wie er in Todeshast
Zum Forum eben stürzte.

Licinia.

Wie, du sahst es,
Und hemmtest seine Schritte nicht?

Cornelia.

Hätt' ich
Sein Schicksal dadurch hemmen können? Nein!

Licinia.

Versteh' ich dich? Ihr Götter!

Cornelia

Frage nicht. —
Geh, Syphax, rufe mir die Frauen her,
Die Kranke fortzuschaffen. Allen Dienern
Befiehl zugleich, nach Antrum uns zu folgen.

(Syphax ab.)

Licinia.

Was wird aus deinem Sohne, Mutter?

Cornelia.

Was
Die Götter über ihn verhängt.

Licinia.

Wir lassen
Ihn hülflos hier verderben?

Cornelia.

Fort von Rom
Entfliehen wir, wie er uns selbst befahl.

Licinia.

Ich nicht. Ich weiche nicht aus diesem Hause.

Cornelia.

Er selbst wird dieses Haus nicht wiedersehen!

Licinia.

Wie? Mutter, Mutter —

Cornelia.

Sei gefasst auf Alles,
Was je die Sorge für den Gatten Schlimmes
Dich fürchten ließ, doch — trag' es in Geduld;
Mit mir, mit deiner Mutter tröste dich,
Die länger schon, als du, des Weibes Loos,
Zu dulden, zu ertragen, und in Thränen
Ersatz für ihren theuersten Besitz
Zu finden, schweigend trug.

Licinia.

So muss er sterben
Wie einst Tiber?

(Syphax kommt zurück mit einigen Frauen.)

Cornelia.

Da kommen schon die Frauen! —
Führt sie hinweg, und hebt sie in den Wagen —
Und dann nach Antrum fort! — Begleite sie
Licinia — gleich folg' ich selbst euch nach!

(Alle ab.)

Siebenter Auftritt.

Das Capitol, Versammlung des Senats, Scipio's Leiche verhüllt auf einer Bahre, Lictoren zu beiden Seiten, Servius kniet neben der Bahre, Mucius Scävola auf dem Sitze des Consuls, die Senatoren im Halbkreis um ihn her.

Scävola.

Versammelte, ehrwürdge Väter Roms!

Ist's euer Wille denn, die Dictatur
Dem Consul zu verleihen, so erhebt
Euch deß zum Zeichen jetzt von eurem Sitz.
(Alle Senatoren erheben sich.)
So ist denn Lucius Opimius,
Der Consul, zum Dictator Roms ernannt.
Lictoren, gebt dem Consul unverweilt
Von dem, was hier beschlossen worden, Kunde.
(Zwei Lictoren ab.)
Und nun magst du, den fassungslos der Schmerz
An seines Feldherrn Leiche niederwarf,
Uns künden, wie es steht um unser Heer.
Auf, Servius! Ermanne dich! Beklage
Den Todten, wenn du seinen Mord gerächt.

Servius (sich emporrichtend).
Und seid versichert, würdge Väter Roms,
Die heilge Pflicht der Rache ists allein,
Die mich noch fortzuleben wünschen läßt,
Nun dieser Mann gestorben.

Scävola.
Sprich, du kommst
Vom Heer, wohin dich Scipio gesandt?

Servius.
Es war sein letzter Auftrag, — wehe mir,
Daß ich ihn ausgeführt, daß ich der Ahnung
Nicht folgte, die an seine Schwelle mich
Zurückrief, wo der Mord nun frevelnd eindrang,
Nun ich zum erstenmal sie nicht bewachte.
(Wirft sich wieder an der Leiche nieder.)
Scävola.
Wir ehren deinen Schmerz, doch sei gedenk,

Daß du in Scipio nur Rom gedient,
Das dein zu fernerm Dienste jetzt bedarf.
Servius.
Verzeiht, ehrwürdge Väter — o ich weiß,
Mir, seinem Diener ziemt es nicht, sein Lob
In diesem hohen Kreise zu verkünden,
Dem er einst selbst so würdig angehört,
Der mehr in ihm verloren, als ich selbst.
Doch glaubt es mir, was i h r an ihm gekannt,
Bewundert und geliebt, es waren nur
Des Römers, des Senators Tugenden,
Nicht die des Menschen, die nur ich allein,
Sein Diener, kannte. Da die Götter ihm
Das stille Glück der Häuslichkeit versagten,
So schloß sein Herz sich vor den Menschen zu;
Und Rom, das Vaterland, ersetzte ihm
Des Hauses Freuden, ward ihm Weib und Kind.
Nur gegen mich ergoß sich oft sein Herz
In angeborner Milde, während er
Der Welt als strenger Feldherr nur erschien.
O Scipio, den Göttern ist es kund,
Du warst ein Held, wie Rom noch keinen sah.
Scävola.
Bemeistre endlich deinen Schmerz, und sprich,
Wie es im Heere steht?
Servius.
    Das Heer erhielt
Durch Scipio Befehl, sich unverrückt
Im Lagerwall zu halten. Dennoch rath' ich,
Bevor die Kunde seines Todes noch
Dorthin gelangt, den obersten Befehl

In sichre Hand zu legen, dass die Wuth
Der Krieger nicht gleich einem wilden Strom
Sich gegen Rom ergieße, Freund und Feind
Zugleich vernichtend.
Scävola.

Dem Dictator sei
Dein Vorschlag mitgetheilt. Da naht er selbst.

Achter Auftritt.

Vorige. Der Consul (von einigen Lictoren begleitet).

Scävola.

Sieh uns nach deinem Wort in Waffen hier
Versammelt, o Dictator.

Consul.

So allein
Geziemt es edlen Römern, angesichts
Der drohenden Gefahren rings umher,
In dieser Stunde hier sich zu begegnen.

Scävola.

Zur Abwehr dieser drohenden Gefahren
Ernannte der versammelte Senat
Dich zum Dictator.

Consul.

Ihr vertrautet mir,
Was ich von euch mir zu erbitten kam;
Und ohne Säumen, wie der Augenblick
Es fordert, übernehm' ich dieses Amt.
Vom Forum komm' ich, wo die Bürgerschaft
Auf meinen Antrieb schon zum größten Theil

Zur Treue gegen uns zurück sich wandte,
Als überall der Kriegstrompete Ruf
Erklang, und eine Schaar Bewaffneter,
Den rasenden Tribunen in der Mitte,
Von seiner Wohnung her die Menge trennte,
Bis an die Säule stürmisch Bahn sich brach,
Und — meine Diener von den Stufen treibend, —
Ihn selbst emporhob, mit gewaltgem Schreien
Den Bürgern für die Rede des Tribunen
Aufmerksamkeit gebietend. Doch der Theil
Des Volks, der schon auf meiner Seite stand,
Und zwar der größre, widersetzte sich,
Und drängte den Tribunen, der umsonst
Zu reden sich bemühte, trotz der Schaaren
Bewaffneter, die ihm zu Hülfe kamen,
Vom Rednerstand und auch vom Markt hinweg,
Daß kaum ein Zehntel von der Bürgerschaft
Mit ihm zum aventischen Berg entkam.
Dort harren sie des weitern Zuzugs nun
Aus den Provinzen, um die Stadt, das Heer
Dann anzugreifen. — Mucius Scävola!

Scävola.

Ich höre dich, Dictator.

Consul.

     Beugte dich
Das Alter gleich, so brach es doch die Kraft
Der Väter noch in deiner Seele nicht.
Ich gebe Rom in deine Hände. Rufe
Die Bürger zu den Waffen, sichre wohl
Das Capitol, die Thore, bis ich selbst
Das Heer herbeigeführt.

Scävola.

Und ich gehorche.

Du sprichst, Dictator,
Consul.

Streitet oder fallt

Der Väter werth! — Mit diesem Wunsche, Römer,
Verlass' ich euch.

Neunter Auftritt.

Vorige. Cornelia.

Cornelia.

Zu deinen Füßen sieh

Mich liegen, Consul, und vernimm, bevor
Du an das Schreckenswerk die Hände legst,
Das du im Sinn trägst, einer Mutter Bitten.

Consul.

Was du zu bitten kommst, Cornelia,
Ist mir bekannt, eh du es ausgesprochen.
Bedenke, dass du zum Dictator sprichst,
Der für die Sicherheit des Staates bürgt.
Die Götter fleh um Mitleid an, nicht mich.

Cornelia.

Und wären mir die Schrecken alle fremd,
Womit dich dieses blutge Amt umkleidet,
Ich würde doch mit gleicher Hoffnung nur
Wie jetzt, zu dir und diesen Vätern reden.
Bedenkt es wohl, eh ihr euch abermals
Durch eines Bürgers Mord mit Schuld bedeckt,
Und neuen größern Aufruhr sät in Rom,
Als Cajus euch des Bruders halb bereitet;

Bedenkt, wie ihr den unheilvollen Streit
Für Rom und euch zum besten Ende führt, —
Und dieses Ziel erreicht ihr, wenn ihr ihn
Verbannt.

Consul.

Verbannen?

Cornelia.

Du erstaunst mit Recht,
Daß eine Mutter ihren Sohn dem Grab
Lebendig sich zu überliefern müht; —
Denn der Verbannte stirbt mit jedem Morgen,
Der fern der Heimath thränenvoll ihm tagt,
Erneuten Tod — doch sei es dir Beweis,
Daß mich das Beste Roms nur reden heißt.
Laß mit dem Blut Tiber's und Scipio's
Nun Römerblut genug geflossen sein —

Consul.

Du nennst den Namen, der an meine Pflicht
Mich mahnt und unser Zwiegespräch beendet..

(Trompeten in der Ferne.)

Scävola.

Was für ein Ton?

Zehnter Auftritt.

Vorige. Septimulejus (eilig).

Septimulejus.

Dictator, rette Rom!
Mit großer Ueberzahl kam der Tribun
Zurück vom Aventinus, drang ins Thor,

Und rückt mit seiner Schaar geradeswegs
Hieher zum Capitole vor!
     Consul.
        Es gilt
Für Rom zu sterben! — Senatoren, auf!
Mir nach!
    Cornelia (sich ihm in den Weg werfend).
     Erst morde mich, eh du den Sohn
Mir mordest!
     Consul.
     Fort, Unsinnige! Soll nicht
Mein Schwert sich eh mit deinem eignen Blut
Als mit dem Blute deines Sohnes färben!
  (ab mit den Senatoren, Schlachtlärm hinter der Scene.)
     Cornelia.
Ja, jetzt bist du verloren, armer Sohn!
Die Götter wollen, daß du sterben sollst!
 (ab.)

Fünfter Aufzug.

Zimmer auf Gracchus' Landgute Antrum, es ist Nacht, Sempronia liegt auf einem Ruhebette, Cornelia und Licinia nebst einigen Dienerinnen sind um sie beschäftigt, sanfte Musik wird gehört.

Erster Auftritt.

Cornelia.
Geht, heißt nun die Musik allmälig schweigen,
Und sorgt, daß ihr Gemach, indeß sie schläft,
An Thür und Fenstern wohl gesichert werde,
Damit der schreckenvolle Auftritt nicht
Sich wiederhole.

Licinia.
    Wenn der Sclave Syphax
Von Rom hier anlangt, führt ihn augenblicks
Zu uns herein.
(Die Dienerinnen gehen ab, die Musik schweigt.)
Cornelia.
    Nun sage, wie geschah
Das Unglück?

Licinia.
    Am Cypressenbaume saß ich,
Der dort an des Dianentempels Fuß
Im klaren Teich die Blätter widerspiegelt,

Des Boten ängstlich harrend, der auch jetzt
Uns Kunde noch von Cajus nicht gebracht.
Da knarrt der Sand des Weges hinter mir,
Und o, das Haar gelöst, mit nacktem Fuß,
Wie ihren Wärtern sie entsprungen war,
So stürzt Sempronia den Gang herab,
Die Augen von entschlossnem Wahnsinn leuchtend,
Und will, die Hände vor's Gesicht gedrückt,
Sich in die Fluthen stürzen; — schnell gefasst
Werf' ich mich auf sie, doch mit Männerkräften
Stößt sie mich von sich, schleppt, wie ich verzweifelnd
Die Arme um den Leib ihr klammre, mich
Das Ufer mit hinab, schon spritzt die Fluth
Um uns empor, als, durch mein Hülferufen
Herbeigelockt, die Diener endlich uns
Noch retteten.

Cornelia.

Vom Fenster sah ich's noch,
Wie ihr sie, einem Leichnam gleich, hereintrugt.

Licinia.

Welch fürchterliches Dasein führt die Arme
Seit jenem Tag! — Bedrückt die Schreckensthat
In Wahrheit ihr Gewissen, dann erstaunt
Michs nicht, dass Wahnsinn ihren Geist zerstört.

Cornelia.

Es ist kein Zweifel mehr.

Licinia.

Dann bet' ich nur:
Nehmt hin ihr Leben, Götter, das ihr selbst
Und uns nur Qual ist!

Cornelia.

Weinend stimm' ich ein
In dein Gebet!

(Blitz und Donner.)

Licinia.

Ein schweres Wetter droht
Am Himmel draußen.

Cornelia.

Götter, sie erwacht!

Sempronia (richtet sich hastig empor).

Noch ist's zu früh, der Mond muss unter sein,
Eh ich die Thür dir öffne! —

Cornelia.

Wem, mein Kind?

Sempronia.

Dem treuen Syphax — seht, im Garten drunten
Harrt er im Mondschein — nun, den Riegel weg —
Seht, wie er einer schwarzen Schlange gleich
Sich durch die Oeffnung windet — seht, da ist er —

Licinia.

Kannst du das Gräßliche vernehmen, Mutter?

Cornelia.

Lass ihr geängstetes Gewissen reden,
Dass Licht uns werde! —

Sempronia.

Nun die Lampe weg —
Er ist mein Gatte zwar, der große Scipio —
Doch, hat er nicht die Brüder mir erschlagen?

Cornelia.

Wie — beide Brüder?

Sempronia.

An der Brücke dort
An des Dianentempels Fuß, — siehst du
Den armen Cajus dort nicht blutend liegen?

Licinia.

Ihr Götter, ich ertrag' es nicht! — Mir graut
Vor ihr! —

Sempronia.

Dort, Syphax — hinter jenem Vorhang —
Tritt leise zu — wie knarren deine Sohlen! —
Steh' ich nicht barfuß auf dem kalten Stein?
Still, laß uns horchen, ob er wacht — hörst du
Ihn athmen? — Schlummern kann er, der mir kalt
Die Brüder mordet! — Triff ihn sicher, Syphax —
Doch, laß mich erst in meine Kammer fliehen —
Nun still, — wie mir's im Ohre singt! — da fällt
Ein Schlag — geschehen ist die Schreckensthat!

(Blitz und Donner.)

Zweiter Auftritt.

Vorige. Eine Dienerin. Syphax.

Dienerin.

Der Sclave Syphax ist zurück, o Herrin.

Cornelia.

Schafft gleich die Kranke fort! —

Licinia.

Sprich, welche Kunde
Bringst du von Cajus uns?

Syphax (gegen Sempronia).

Erkennst du mich,
O Herrin? Syphax ist's, dein treuer Diener,
Der vor dir kniet —

Sempronia.

Weg, deine Hand ist blutig! —

Syphax.

— Der durch Etruriens weite Ebnen einst
Mit dir geflohen, über dorn'ge Felsen
Dich keuchend trug, und oft im Sonnenbrand,
Wenn du erlagst, mit mildem Trank dich labte —

Sempronia.

Seht ihr den bleichen Schatten hinter ihm?
Seht, wie er langsam aus der Kammerthür
Dort durch den weiten Saal geschritten kommt, —
Die Augen fest geschlossen, und die Hand
Wie suchend nach mir ausgestreckt — zurück,
Zurück in deine Kammer! — Weh, er folgt mir —
Die blutge Hand greift kalt in meine Brust —

(sie wankt, Blitz und Donner.)

Cornelia.

Geht, heißt den Arzt nicht Sorg' und Mühe sparen,
Ihr Ruhe zu verschaffen.

(Sempronia wird durch die Dienerin weggeführt.)

Licinia.

Rede endlich,
Wie steht's in Rom?

Cornelia.

Lebt Cajus noch?

Licinia.

Ward ihm
Der Sieg zu Theil?

Syphax.

Mit Tagesanbruch wird
Sich's zeigen, wer der Sieger ist. Schon war
Ein Sturm auf den bewaffneten Senat

Uns faſt gelungen, ja, das Capitol
In unſern Händen ſchon, als uns der Conſul
Nach heißem Kampf vom Forum trieb, daſſ kaum
Die Hälfte von der Heerſchaar deines Sohnes
Zum aventinſchen Berg mit ihm entkam.
Dort ſchaarten neue tapfre Kämpfer zwar
Sich um ihn her, doch drohend nahte ſich
Zugleich das Heer, und mit dem Morgen wird
Der letzte Kampf beginnen.
Licinia.
Wehe mir!
Cornelia.
Mit ſeinem Loos wird Roms Geſchick ſich auch
Erfüllen.
Syphax.
     Welches dieſes Loos auch ſei,
Ich werd' es mit ihm theilen. Doch zuvor
Gewährt mir Eines noch.
Cornelia.
Und was?
Syphax.
       Laſſt mich
Euch Scipio's Tod erzählen, der mich noch
Mit eines Meuchelmörders Schuld belaſtet.
Cornelia.
Willſt du von dieſer Schuld dich reinigen?
Syphax.
Wiſſt, daſſ ich das Gemach des Waffenloſen
Selbſt waffenlos betrat. Mein Sclavenloos
Geſtattete mir keinen andern Kampf
Mit ihm, dem ich für meines Vaters Tod

Noch Rache schuldete. Ich weckte ihn,
Und Faust dann gegen Faust — mit gleichen Waffen —
Begannen wir den Kampf, der Fürstensohn
Karthago's, und der erste Feldherr Roms.
Nicht leicht ward mir der Sieg, — nach langem Ringen,
Erst, als ich schon besiegt am Boden lag,
Und seinen Fuß auf meiner Brust schon fühlte,
Riß ich verzweifelnd nochmals mich empor,
Und stürzt' ihn rücklings in die Kissen nieder,
Wo ich nach kurzem fürchterlichen Kampf
Ihn dann — erwürgte! —
(Cornelia und Licinia geben Zeichen des Schreckens.)
Schaudert immerhin!
Was Rom durch ihn einst an Karthago that,
Es ward durch diese That nur schwach gerächt. —
Zur Ruhe nun, du Schatten meines Vaters! —

Die Dienerin (zurückkommend).

Zu Hülfe, Herrin! O, die Kranke ras't —

Cornelia.

Ich komme — folge mir Licinia! —
— Dem Sohn bring noch der Mutter letzten Gruß —
— Komm zu der Kranken!
(ab mit der Dienerin.)

Licinia.

Nein, ich kann mich nicht
An des Geschickes Unabwendbarkeit
Noch trösten, Mutter — nun mein Gatte stirbt!
Ich kann den Armen ohne den Versuch
Der Rettung nimmermehr verderben lassen,
Wüßt' ich es gleich vorher, es sei umsonst!

Syphax.

So folge mir nach Rom, und laß uns ihn
Erretten, oder mit ihm untergehen!

Licinia.

So sei's. Ich folge dir. Auf, auf, nach Rom!
(Beide ab.)

Dritter Auftritt.

Gegend am aventinischen Berge. Das Unwetter
dauert fort.

Philokrates (bewaffnet), gleich darauf Labeo.

Philokrates.

Nicht enden will die fürchterliche Nacht,
Als graut' ihr vor dem Tage. Borgt' uns nicht
Der Blitz sein Lämpchen noch, man säh' es kaum
Ob Freund, ob Feind sich naht. — Sieh, sieh — was
schleicht
Sich durch die Büsche dort am Bach herauf? —
— Werda?

Labeo (tritt auf).

Ich bin es — Labeo.

Philokrates.

Wie kommst
Du dort hinunter?

Labeo.

Unsrer Feinde Zahl
Und Stellung zu erkunden, schlich ich mich
Dorthin.

Philokrates.

In Gracchus' Auftrag?

Labeo.

Freilich.

Philokrates.

Sahst
Du südwärts nicht sich Truppen nähern?

Labeo.

Was
Für Truppen?

Philokrates.

Fremde, aus den Municipien,
Die wir zu Hülf' erwarten —

Labeo.

Nein.

Philokrates.

Die Pest
Auf die saumsel'gen Schurken!
(Blitz und Donner.)

Labeo.

Welche Nacht!
Der Regen riß am Todtenacker dort
Das Erdreich weg, und Menschenschädel grinsen
Uns an beim Licht des Blitzes.

Philokrates (halb für sich).

Wohl ein Vorspuk
Für morgen.

Labeo.

Ach, mir ahnt ein schlimmer Morgen
Nach dieser Nacht.

Philokrates.

Warum?

Labeo.
Laß dir erzählen,
Was Gracchus' altem Pförtner diese Nacht
Geschehen ist.

Philokrates.
Dem alten Länas? Nun?

Labeo.
Auf seinem Lager liegt er schlummerlos
Als kurz nach Mitternacht sich seine Thür
Geräuschlos öffnet, und — von blauem Licht
Umflossen sich des alten Gracchus' Geist
Ihm darstellt, dreimal mit der Hand ihm winkt,
Und in die große Halle dann voran
Ihm schreitet, wo der Gracchen ganz Geschlecht
Beim Festesmahle stumm versammelt sitzt.
Nachdem das Mahl geendet, zieht die Schaar
In feierlichem Schritt zur Thür hinaus,
Und als die letzten, Cajus und Tiber
Aus vielen Wunden blutend, in der Mitte
Sempronia die Schwester.

Philokrates.
Dumme Fratzen!
Der alte Länas trank eins über'n Durst
Und träumte schwer.

Labeo.
O glaube mir, das deutet
Nichts Gutes. — Wurden wir nicht gestern schon
Geschlagen?

Philokrates.
Unser Heer vermehrte sich
Seitdem ums doppelte.

Labeo.

Doch hält es nicht
Dem Heer dort unten Stand.

Philokrates.

Verräther, wüßt' ich
Daß du auf Abfall sinnst, —
(Trompetenstoß in der Ferne.)
— Was deutet das?
(Es wird helle.)
Hätt' unser Zuzug seinen Weg so sehr
Verfehlt, daß er von dort sich nahte?

Labeo.

Nein,
Der Ton dringt von der Stadt herauf, — es naht
Ein Herold des Senates.

Philokrates.

Weißt du das?

Vierter Auftritt.

Vorige. Gracchus bewaffnet, von einer Anzahl Krieger und
bewaffneter Bürger begleitet.

Gracchus.

Es naht ein Unterhändler, — geht und führt
Ihn her.
(Einige Krieger ab.)
Wo bleiben die Verbündeten,
Philokrates?

Philokrates.

Herr, ich verzweifle fast
Daß sie noch kommen, eh der Consul hier
Uns angreift.

Gracchus.

Tückisches Geschick, das sie
Noch fernhält! — Unsre Schaar ist kaum im Stande
Selbst hinter dem Verhack, den ich zu Nacht
Um unser Lager zog, des Consuls Heer
Zu trotzen —

Philokrates.

Eine Stunde Frist nur, Herr,
Durch jenen Unterhändler —

Gracchus.

Still, er naht! —

Fünfter Auftritt.

Vorige. S e p t i m u l e j u s (von Kriegern begleitet).

Septimulejus.

Von Consul und Senat, ihr Bürger Roms,
Vernehmt die Botschaft. Funfzehntausend Krieger
Vereinigt dort in Rom der feste Schwur,
Daß ihr dem Tode nicht entrinnen sollt.
Da dem Senat jedoch bekannt geworden,
Daß mancher unter euch gezwungen nur
Dem Aufruhr beitrat, mancher auch von fern
Herbeigekommen, halb der Sache nur,
Um die sich's handelt, kundig, also schenkt
Er jedem, der sogleich die Waffen streckt,
Die Freiheit ohne jeden Vorbehalt,
Dem Bürger aber, der des Gracchus Haupt
Ihm darbringt, wiegt er das Gewicht desselben
In Golde auf.

(Allseitige Aufregung.)

Philokrates.

Schnellt dem verwegnen Schuft
Doch einen Wurfspieß in die schnöde Kehle!

Gracchus.

Antwortet ihr ihm, Bürger!

Philokrates.

Ja, und lehrt ihn,
Ob er zu Römern oder Sclaven spricht.

Labeo.

Nicht jenen Henkerspreis will ich verdienen,
Doch möcht' ich gern für Weib und Kind mein Leben
Erhalten.

Philokrates.

Ha, ist's möglich?

Labeo.

Nachbarn, kommt, —
Wir wenigen entscheiden doch nichts, — kommt! —

(Ab mit einem Theile der Bürger und Septimulejus.)

Philokrates.

O Schurke, hätt' ich dir das feige Herz
Durchstoßen, eh du diese Schmach uns thatst!

Gracchus.

Zurück in den Verhack, daß dieser Abfall
Uns nicht die andern Bürger wankend mache.

Sechster Auftritt.

Vorige. Licinia und Syphax.

Licinia (noch entfernt).

Wo bist du, Cajus? Wo?

Gracchus.

Ha, welche Stimme?

Licinia (auftretend).

Dank euch, ihr Götter, noch ist er am Leben,
Noch hat ihn nicht des Consuls Schwert gefällt!

Philokrates.

Und soll's auch nie! — Dich sandt' ein Gott, o Herrin,
Zur rechten Zeit! —

Syphax (zu Gracchus).

Des Consuls Schaaren rücken
Zum Kampfe vor —
(Trompeten in einiger Entfernung.)

Gracchus.

Ha, ihr Trompetenruf! —

Philokrates.

Herr, lass den Consul durch Licinia
Um ein Gespräch ersuchen, — ihr wird er's
Nicht weigern —

Gracchus.

— Wohl — und wir gewinnen Zeit,
Bis unsre Freunde nahen — (zu Licinia) bitte denn
Den Consul, dass er Mucius Scävola
Zur Unterhandlung sende —

Licinia.

Fort nur, fort; —
Schon nahen sie! —
(Alle ab, bis auf Licinia)

Licinia.

Ich fürchte, Alles, was
Ich von dem Consul noch erbitten kann,

Wird sein, daß er auf Nimmerwiederkehr
Dir selbst die Flucht aus Rom gestattet. Ha,
Da sind sie!

Siebenter Auftritt.

Licinia, der Consul und Scävola bewaffnet, mit Truppen welche, durch Servius geführt, im Hintergrunde rasch vorüber stürmen, Einige bleiben beim Consul zurück.

Consul.
   Vorwärts! Fahrt in ihre Reihen
Eh sie sich bergen hinter dem Verhack,
Und Zeit gewinnen zur Vertheidigung.

Licinia.
Nur wenig Augenblicke hemme noch
Die Todesschritte deiner Kriegerschaar,
O Consul —

Consul.
   Ha, Licinia — kommst du her
Des Gatten Leben von mir zu erflehen,
So wisse, nichts errettet ihn — noch heute
Begräbt die Fluth des Tibers seine Leiche!

Licinia.
Vernimm mich, Consul —

Consul.
   Nein! (zu den Kriegern) Führt sie hinweg!

Licinia.
O Scävola, in deiner Brust wohnt mehr
Des Mitleids —

Scävola.
   Sende sie zurück, o Consul,
Ins Lager ihres Gatten —

Consul.

Nein, sie bleibt
Gefangen, bis wir ihn sammt seiner Schaar
Unvorbereitet jetzt vernichtet. Fort
Mit ihr!

Licinia (schreit auf).

O Cajus — rette dich!
(sie sinkt in Scävola's Arme, welcher sie mit Hülfe der Krieger fortführt.)

Consul (in die Scene blickend).

Bald wird
Auch jene Schaar, der ich von Norden her,
Zu Nacht das Lager zu umgehen auftrug,
Zur Stelle sein, und er, der Hülfe noch
Von jenen Fremden hofft, die ich bereits
Gefangen fortgeführt, ist dann vernichtet.

Scävola (zurückkommend).

Licinia ist todt!

Consul.

Wie — todt?

Scävola.

Der Schreck
Brach ihr das Herz.

Consul.

So ging sie kurze Zeit
Dem Gatten nur vorauf.

Scävola.

Entsetzlich bist
Du, Consul!
(Hörner, Schlachtgetöse in der Ferne.)

Consul.

Ha, jetzt sind sie dran! Hinauf,
Hinauf den Hügel! Laßt die Gräben nicht

Euch hemmen, nicht die Wolken der Geschosse!
Brav, meine Candier! — Einen Sturm noch, ha —
Schon ragt mein Adler hoch in Feindesmitte!
Nun keine Schonung! Jüngling fall' und Greis
Vor eurem Schwert, wie Aehren vor der Sichel!

Scävola.

Ihr Götter, welch Gemetzel!

Consul.

Aber wie?

Ist's möglich? Servius zurückgedrängt?
Die Feinde fallen aus? Sie dringen vor?
— Doch nein, es ist verzweiflungsvolle Flucht! —
Der Sieg ist unser!

Scävola.

Sieh, dort naht sich kämpfend

Ein Krieger — hartverfolgt — schon strömt sein Blut
Aus mancher Wunde —

Consul.

Es ist Gracchus! —

Achter Auftritt.

Vorige. Gracchus (verwundet), Philokrates und Syphax ihn gegen Servius und eine Anzahl Krieger vertheidigend.

Servius.

Steht!

Ergebt euch! —

Philokrates.

Nicht, eh' ihr uns beide nicht

In Stücken hacktet! —

Servius.

    Stoßt sie nieder denn!
(Philokrates und Syphar werden getödtet.)

    Philokrates (sterbend).

Herr, wir sind hin —

    Syphar (ebenso).

    Fluch euch und Rom, ihr Schurken!

    Gracchus (sinkend).

Mit euch, ihr Treuen, werd' ich selbst nun sterben.

    Consul.

Halt — du bist mein Gefangener!

    Gracchus.

    Ich bin's.

    Consul.

Zur Waffenruhe laßt die Hörner blasen!
(Es geschieht.)

    Gracchus.

Da meine Sache unterlag, ist mir
Der Tod willkommen.

    Cornelia (noch entfernt).

    Cajus, lebst du noch?

    Scävola.

Ha, seine Mutter! —

Neunter Auftritt.

Vorige. Cornelia..

    Cornelia.

    O mein Sohn! Mein Sohn!
Blieb dir noch Kraft zu einem Lebewohl

Für deine Mutter? — — So begrab' ich denn
Das letzte meiner Kinder hier!

Gracchus.

Ihr Römer,
Seht hier der Römerinnen erste — seht
Der Mütter beste! — Ehrt mein Angedenken
In ihr! — Gelobe wir Versöhnung, Consul,
Für sie und alle die mir treu gewesen! —

Consul.

Der Staat steht neu befestigt da, ich zürne
Nicht mehr.

Gracchus.

Leb wohl denn, Rom — leb wohl — o Mutter! —
(stirbt.)
(Alle umgeben ihn schweigend in einer Gruppe.)

Consul.

Seh ich in Aller Blicken um mich her
Bestürzung, Mitleid auch ob dieses Anblicks,
So fühl' ich selbst nur der erfüllten Pflicht
Befriedigung, und staune ehrfurchtsvoll
Der Götter Fügung an, die Rom so bald
Aus dieses Bürgerkriegs Gefahr errettet.
(Der Vorhang fällt.)

Druck der Hofbuchdruckerei von Eduard Krampe in Braunschweig.